Footbridge as Art

艺术视野中的人行桥

任丽莎 著

中国建筑工业出版社

图书在版编目（CIP）数据

艺术视野中的人行桥 / 任丽莎著. —北京：中国建筑工业出版社，2014.8

ISBN 978-7-112-17154-5

Ⅰ. ①艺… Ⅱ. ①任… Ⅲ. ①人行桥—桥梁设计
Ⅳ. ①U448.112.5

中国版本图书馆CIP数据核字（2014）第186774号

责任编辑｜张　建
责任校对｜李欣慰　姜小莲

艺术视野中的人行桥

任丽莎　著

*

中国建筑工业出版社出版、发行（北京西郊百万庄）
各地新华书店、建筑书店经销
北京顺诚彩色印刷有限公司印刷

*

开本：787×1092毫米　1/16　印张：11¾　字数：230 千字
2015年1月第一版　2015年1月第一次印刷
定价：79.00元
ISBN 978-7-112-17154-5
　　（25937）

序

　　Footbridge 一般译作"人行桥"或"步行桥"，也是人类建造的第一种桥梁。最初，人行桥的建造仅仅是为了满足跨越与联系交通；此后，人行桥成为展示建造技术、材料发展甚至经济实力的手段；如今，人行桥已经成为许多城市展现其城市精神、艺术底蕴与人文关怀的重要载体。因此，人行桥的发展见证了整个人类发展的历史。单从结构形式来看，人行桥结构简单。若将人行桥作为人类改造自然的产物，尤其是作为现代城市空间中的重要组成部分，其内涵必然是丰富的——不仅其功能结构需要合理有序，从社会角度来说它还应该是一个能够体现公共精神的场所。

　　人行桥是人类生活的重要载体，一方面它具有一刃人造物均具备的物质功能性，另一方面，它又体现了存在于物质功能之上的社会性与精神性。因此，以人行桥为对象的研究必需涵盖其多重社会属性。然而，长期以来学科的分野使得对人行桥的研究成为学术"盲点"，任丽莎博士的著作基于她的博士论文研究，打破了学科界限，以一个比较特殊的视角，即将人行桥作为一种艺术创作形式，来揭示其内在的创作规律，是在更深入和更广泛的视野上研究人行桥的一种有价值的尝试。

　　近年来，随着中国城镇化建设的飞速发展，许多城镇开始了从"车行城市"到"步行城市"的转变。无论城市规模大小，政府和建设者们都不再以城市快速路覆盖率有多少或是车道有多宽、有几条为衡量城市发展速度的标准；与之相反，更多的城市开始提倡"城市绿线"、"骑行系统"、"步行系统"等。那些原本被视作交通系统的落后代表的人行桥又重新受到人们的重视，我们可以看到城市中出现了越来越多的人行桥，甚至那些已经被拆除的人行桥也纷纷被重新竖立了起来。随之而来的问题则是人行桥应该怎样设计？如何设计得好？如何评判……国内桥梁工程界对桥梁美学和桥梁造型的重视是近三十年的事情，尽管有越来越多的学者和工程师关注人行桥的设计品质，但是从未将人行桥作为艺术品来看待。国内人行桥设计水平不高是不争的事实，其原因就在于设计者缺乏用艺术的手段完整地表达设计思想的能力。反观西方优秀的人行桥设计，无不渗透出其所隐含的艺术观念、艺术思想和艺术手法。任丽莎博士的著作对于我们如何认识人行桥的艺术性、如何从艺术的价值视角评判人行桥的设计提供了有益的启示，提醒我们打破专业视野的局限性，进行关于人行桥的哲学思考，这也正是本书的价值所在。同时，本书也为我们展示了当代人行桥设计的最新成果，为我们提供了大量十分有益的资讯，对于桥梁设计的相关从业者和学者都具有重要的参考价值。

2014 年 8 月

目录
Contents

2 人行桥的视觉语言
The Visual Language of Footbridge

3 个体体验的范式
Footbridge as Individual Experience Paradigm

4　集体意识的集合

Footbridge as Combination of Collective Consciousness

5　历史文化的积淀

Footbridge as the Deposit of Human Culture

6 当代人行桥设计的风格与流派
The Design Practice of Contemporary Footbridges

7 结语
Conclusion

参考文献
References

后记
Postscript

0 绪言
Introduction

桥小心而有力地跨越溪流，桥不只是连接早就在那的河岸，只有当桥梁横跨溪流时，河岸始为河岸。

——海德格尔 [1]

0.1 人行桥的困惑

人行桥是艺术么？这好像是个似是而非的问题，“是”与“否”也许都正确，答案是什么取决于从何种角度看待人行桥。桥梁与建筑的分道扬镳发生在 19 世纪后期，在此之前，桥梁与建筑几乎是并行的一个同构体系，桥梁也往往被视作建筑形式中特殊的一类。随着工业革命的完成，科学技术的飞速发展和进步对古典建筑学科形成巨大冲击，而技术在结构体系中的主导作用直接导致了桥梁从建筑体系中分离出来。如今在专业领域很少有人将桥梁与建筑混为一谈，然而提及人行桥时又会产生新的疑问，尤其是面对今天各式各样造型丰富、体态各异的人行桥时，我们已经很难用结构体系或是建筑设计去简单判定。

直到文艺复兴时期，建筑才被作为一种艺术形式固定下来。长久以来，人们都把建筑视作最重要的艺术门类，是所有艺术门类中的集大成者，使得建筑拥有不同于一般物质的崇高地位。建筑和其他各种艺术形式（音乐、绘画、戏剧等）之所以被称之为艺术，在于其存在的独特形式和对现实的依赖性，其对社会生活的发展变化以形象化的表现。不同的艺术门类有其自身的表现规律和准则。艺术与技术的根本区别就在于，它不能向人们直接提供认识自然规律的途径，艺术的作用在于表现人与社会、人与自然的关系。

随着科学技术的飞速发展和进步，一个越来越明显的事实就是虽然我们将“桥梁美学”和“桥梁艺术”这样的词汇挂在嘴边，但是在实际的理论研究中，却很少提及桥梁与艺术家族中其他成员的相互影响和联系，取而代之的是技术决定论，仿佛那些优秀的桥梁作品之所以出色仅仅因为其伟大的工程技术成就。科技的成果已经渗入到社会生活的各个领域，受技术力量支配的大型桥梁成为“技术成果”无可厚非；人行桥

1. Heidegger. *Language, Poetry, Language, Thought*[M]. New York: Albert Hofstadter, 1971:152.

则不然,技术对其创作和设计的制约非常有限,在资金条件许可的情况下,任何形式和类型的结构体系都能将其实现。目前,西方的设计界已经意识到科技发展下的技术决定论带来的人文思想的缺失,于是其设计的外延开始有意识地向艺术化方向拓展,设计界已经成为接合艺术世界与技术世界的边缘领域,其结果就是学科之间边界的模糊与融合,这种交汇使得艺术与技术双方发生共生与对话。设计已经超越了工业社会初期,人与机器发生关系时"工具思想"的片面性,成为追求"一种无目的性,不可预料和无法准确测量的抒情价值"。这意味着设计作品与艺术品之间在迅速靠拢,设计的过程与艺术创作相接近,实践已经证明"设计应该被认为是一个技术的艺术活动"。马可·第亚尼(Marco Diani)认为,"设计似乎变成过去各自单方面发展的科学技术和人文文化之间的一个基本的必要的两条或第三因素"[1];蒙蒂尼(Alessandro Mendini)则说设计的结果应该是"种种能引起诗意反应的物品"。上述论述都试图说明艺术在设计中的重要价值。

当前,人行桥的创作在国内外出现了一片繁荣景象,实践活动很多。然而,在大量人行桥问世的同时,桥梁结构工程师与建筑师之间的争论也日益激烈。一方面是由于许多建筑师参与到以往完全由结构工程师统治的领域,另一方面是形态各异的人行桥也让公众应接不暇。尤其是进入新世纪后,许多城市将新建成的人行桥作为城市地标或是城市形象象征,人行桥由原本不甚起眼的小角色转变为受到空前关注的对象。在这繁荣景象的背后,却是对人行桥的认知和价值评判的不确定,是一种表面化的虚幻繁荣。认知和价值评判的不确定源于其深层次的意义缺失,导致对人行桥的设计与评价出现了"失语"现象。长期以来,我们在混沌中描绘人行桥,在混沌中阅读人行桥,建筑界将人行桥视为结构和技术的表现,桥梁界又因为人行桥的体量和缺乏技术挑战性而将其视为旁支。在新的理论浪潮中,技术至上,以及对生态设计和可持续发展理论的推崇成为桥梁建筑话语中的强势力量,艺术问题明显地被"遮蔽"了。理论的开展源于对现实问题的思考,不能停留在表面化的"深层"模式,需同具体的实践加以联系。事实上,在理论原则被具体的实践创作表达的时候,是需要艺术的手段来进行衔接的,忽视了设计中的艺术性研究,不仅使理论问题无法落到实处,也造成对艺术问题的误解。当代人行桥设计中存在的普遍问题,就是用以完整表达设计思想的艺术手段的匮乏。

长期以来,我国的桥梁设计大多由具有结构学科背景的桥梁工程师

1.(美)马可·第亚尼.非物质社会——后工业世界的设计、文化与技术 [M].滕守尧译.成都:四川人民出版社,1998:3.

完成，反观建筑，多是建筑师与结构工程师通力合作的结果。艺术教育能够贯穿建筑学专业培养的始终，而桥梁工程在课程设置时则完全将艺术教育排除在外。除了少数高校开展了相关的"桥梁美学"课程外，多数院校还是遵循结构工程师的培养模式。在这种知识结构的支配下，桥梁与艺术的关系越来越远，艺术顶多是图式化的构图比拟，成为效果图和美化装饰的"代名词"。事实上，艺术作为人类精神的升华，所包含的信息量几乎深入到人类思维的各个方面。在当今这个"人人皆是艺术家"的时代，艺术所包含的信息量和价值更是传统艺术形式所不能比拟的，通过艺术家的实践，产生了大量的艺术观念、艺术思想和艺术手法，这些观念都在有形或无形地影响着人行桥的创作。

对人行桥的艺术问题保持小心翼翼的态度，使我们将其视为"阳春白雪"而束之高阁，将人行桥设计与艺术创作置于两个不同层面，人为地划出学科界限。一直以来，我们始终将人行桥的艺术问题视为一个跨学科的问题，事实上，确实是我们忽略了这个一直存在却又被我们极力回避的话题——人行桥的艺术性。

0.2 作为公共视域的人行桥

当前，专门针对人行桥的研究成果并不多，通常是将人行桥并置在城市交通空间或依附于车行桥（公路桥、铁路桥）的研究当中，城市规划、建筑设计、风景园林以及桥梁工程也都是从各自的角度探索人行桥的形态，比较有局限性。

0.2.1 城市交通的空间理论

19 世纪末 20 世纪初，针对西方工业革命后的城市症结，出现了许多关于城市理想模式的探索，以城市分散主义和城市集中主义为代表。"分散"和"集中"都是针对城市规模而言，前者以霍华德的"田园城市"和沙里宁的"有机疏散"为代表；后者以柯布西耶的"现代城市理念"为代表。虽然两派意见相左，但却有着显著的共同特征：高效的城市交通系统，城市中心的合适密度和绿地，人工环境和自然环境相协调。在《城市：它的发展、衰败和未来》一书中，作者沙里宁认为城市需要恢复合理的秩序，腾出大面积用地以符合人类工作与交往的需求。索利亚·伊·马塔提出"带形城市理论"，认为城市的发展需要依赖交通与运输的要求，通过交通运输线路组织城市与居民。柯布西耶在《明日的城市》中提出300 万人的理想城市模型，用明确的几何图形及新的交通网络来解决交通拥挤的问题，在 1925 年巴黎城市中心改建计划，即著名的伏瓦生规划（Plan Voisin）中，以明快的空间变化和建筑配置向世人宣告传统走廊式街道时代的终结，利用立体的城市交通网络联系城市中心与居民住地，高层住宅之间的联系则通过二者间的人行天桥来解决。

二战后，欧美各国开始大规模重建，经济的蓬勃发展使得私人小汽车的拥有量直线上升，随之而来的是交通、环境、能源、社会等各方面的问题。尤其是 20 世纪 70 年代的能源危机，使整个西方社会受到了一次强烈的冲击，人们开始逐渐将兴趣转移至其他节约能源的交通方式，如公共交通、步行和自行车等方式，并对汽车的大量使用造成的问题采取各种相应的解决措施。凯文·林奇、史密斯夫妇等做的研究，着重对现代道路交通的特性——流动性——进行研究。凯文·林奇从文化、艺术、人类学和心理学等方面出发，根据现场调查，分析探讨如何形成"城市意象"，将城市中人的活动与城市形象并行研究。史密斯夫妇在 1959 年所做的柏林规划，也将车行道与步行道依其不同的动态视觉进行设计，认为车的流动是城市居民视觉、听觉的一种经验，在设计中行人可以悠闲自得地欣赏流动的机动车，车中的人也可以欣赏流动的人群，车行道与人行道之间采用自动扶梯，方便转换。路易斯·康也在费城中心计划中将交通的流动视为市中心更新的首要问题，主要通过处理交通问题来形成城市中心的结构秩序与空间秩序。以简·雅各布斯为主的"街道伦理"观念呼吁重建"街道伦理"，认为人行道上的社交生活与在纪念性场所参加宴会一样是非常必要的，因为两者均属大众性活动，是城市生活中人们亲密聚集的社会模式，同时也强调街道的趣味对孩子的重要性。街道是住宅的延伸，是儿童们首次学习外在世界的地方，也是人们经常聚集的地方，所以它不仅是街道，还是提供表达社会行为的场所。在扬·盖尔的《交往与空间》一书中，强调了街道尤其是人行道在创造有效户外空间中发挥的作用。

科林·布恰兰在"Traffic in Town"中提出了"环境单元"的概念，不主张完全的人、车分流，认为在"环境标准"（Environment Standard）限制下，将交通作系统的划分，既可以达到有效的隔离又无损"可及性"（Accessibility）。过去人与车的对立原因是将交通视为单纯的工程实体来看，而"环境单元"设计的出发点，是将交通与城市各环境联系起来。由于人使用汽车，才有了汽车的活动，事实上汽车的集中反映了人的集中，活动是交通的函数。因此改善交通环境的关键并非拓宽马路，而是改变人们的活动分布状况。至于何种活动分布状况则要根据环境单元标准来设定。"Traffic Calming"是西方汽车社会兴起的一个新课题，被广泛应用于希望减少机动车流量和降低车速的居住区街道。

在这方面最早实践的是荷兰的温奈尔弗（Woonerf）道路系统，它采用庭院式道路的设计原则，通过设置路拱、路面栽植、平面布置等手段降低车速，使人行与车行共存于道路。这项举措在德国实施后，受到广大居民的拥护，但是却遭到道路交通工程部门和商业组织的反对，因此并未被大规模推广。

芦原义信的《街道美学》一书，运用格式塔心理学的原则，以及当代建筑设计理论，对日本和意大利的街道、广场等外部空间进行了深入细致的比较、分析和研究，从而归纳出东、西方在文化体系、空间观念、哲学思想以及美学观念等方面的差异，强调了街道的美学价值和社会生活价值。《街道美学》对街道的构成、高宽比等美学原则和街道与广场空间领域的实质进行了通俗易懂的阐述。

0.2.2 桥梁形态与桥梁造型

从沙里宁、柯布西耶，到凯文·林奇、雅各布森、芦原义信，都还是将设置人行桥作为解决城市交通症结的一项措施，认为人行桥不过是相对车行桥而言的一个交通途径。从根本上来看，人行桥归属于广义的道路范畴。

从 20 世纪 80 年代开始，桥梁专业领域开始出现了一些关于桥梁造型与桥梁美学方面的专著。莱昂哈特的《桥梁建筑艺术与造型》是第一本专门针对桥梁景观与造型方面的研究著作。莱昂哈特通过总结其丰富的桥梁设计与建造经验，对各种主要桥梁的造型效果和空间感受方面给出了桥梁造型设计的基本要求。《桥梁建筑艺术与造型》第一次明确提出了桥梁造型中的艺术问题的重要性，因此它是桥梁美学和桥梁造型研究方面的开山之作。此后，日本学者山本宏所著的《桥梁美学》，对桥梁美学的理论体系再次进行了归纳和总结。

伊藤学所著的《桥梁造型》一书，通过总结日本及世界范围内的一些经典和典型的桥梁设计实例，提出了相应的设计方法。日本千叶大学教授杉山和雄的《桥梁造型学》一书，是桥梁设计领域中视角较为独特的一本著作。作者利用自身的专业背景，将工业设计中有关产品造型创造的方法应用于桥梁设计，提出了"桥梁作为产品"的设计理念，是一种十分超前的设计观念；但是由于该书没有体现桥梁的结构特征，并且缺乏详实的案例研究，因此在学术界的影响较有限。

美国的马修·韦尔斯（Matthew Wells）作为一名职业的结构工程师，

秉着对桥梁设计的特殊兴趣和丰富经验所著的《世界著名桥梁设计》一书，总结了自 20 世纪 80 年代至千禧年近 20 年间世界各地的优秀桥梁设计作品。此书中，作者简要回顾了桥梁结构的建造历史，并且深入地分析了 30 座风格迥异、特色鲜明的桥梁实例，其内容涵盖从概念构思、设计方法到结构建造等一系列过程。尽管书名为《世界著名桥梁》，但此书主要的讨论对象以中小型桥梁结构为主，如盖茨黑德千禧桥、美秀美术馆桥、阳光高速公路桥等。该书是对人行桥进行研究的重要著作，对此后人行桥的研究起到非常重要的作用。

0.2.3 桥梁美学与桥梁文化

由意大利威尼斯建筑大学的安佐·斯维埃诺（Enzo Siviero）教授主持编著的《桥梁与文化》一书，侧重于将桥梁作为现象学的研究对象，分别邀请建筑学、结构工程、桥梁工程等领域的专业人员，以及相关专业的杂志媒体人士，从地理与环境、环境与桥梁、桥梁与人等几方面进行讨论，得知不同学科的学者们关注同样的问题——桥梁、环境与人。因此，整部集录较为全面地展现了现象学在桥梁景观与桥梁美学方面的重要意义。

《人行桥：结构－设计－历史》（*Footbridges: Structure, Design and History*）是 2007 年由 Birkhäuser Basel 出版的一本集中讨论人行桥的重要著作。作者之一的麦克·施莱希（Mike Schlaich）不仅是一名经验丰富的桥梁工程师，作为享誉国际的施莱希结构设计事务所的主持人之一，同时也是桥梁设计大师约克·施莱希（Jörg Schlaich）的儿子。这本著作从出版之日就获得了学术界的关注。人们很容易将此书与此前由 FIB 资助麦克·施莱希主持编著的《人行桥设计规范》相比较，后者主要针对从事人行桥设计的结构工程师，是一本具有普遍性和实用性的指南手册。《人行桥：结构－设计－历史》显然试图吸引多方面的读者，麦克·施莱希和乌苏拉·鲍斯（Usula Baus）对人行桥的讨论并不局限于结构设计方面，而是从人行桥的建造发展史、不同桥型在不同环境景观中的视觉表现、结构受力特性、新的材料和桥梁建造技术等多方面展开。尤其是在长达 40 页的关于人行桥建造历史的介绍中，作者充分肯定了人行桥在人类建筑建造历史上的重要性，同时也将视角触及那些对人行桥的设计和建造有着重大贡献的大师和名家，细数了从 18、19 世纪到 21 世纪的大部分桥梁设计和建造的专家及理论方面的学者，如让·鲁道夫·佩罗内（Jean-Rodolphe Perronet）、乌尔里希·格鲁本曼 (Ulrich Grubenmann)、基劳姆·亨利·杜弗 (Guillaume Henri Dufour)、里卡多·莫兰第（Riccardo Morandi）、弗里茨·莱昂哈特（Ftitz Leonhardt）、约克·施莱希（Jörg Schlaich）、乌立希·芬斯特沃尔德 (Ulrich Finsterwalder)、瑞尼·瓦特尔（René Walther）、吉利·斯特拉斯基（Jiri Strasky）……作者自身丰富的人行桥设计经验使得此书中选取的案例都十分具有参考价值，几乎涵盖了近 20 年以来世界各地建造的优秀人行桥作品。

目前国内尚没有关于人行桥的专门性研究论著，但是在桥梁美学和桥梁造型学方面，也出现了一些专家和学者在工程实践基础上的研究成果。唐寰澄所著的《桥梁美学》一书，从美学理论的角度对桥梁美学的理论体系进行梳理，同时附有对国内外许多实际的桥梁设计案例进行的分析。长安大学的和丕壮教授所著的《桥梁美学》一书，对我国桥梁美学的研究进行了比较系统和完整的论述，是对我国桥梁美学理论研究的一次提升和总结。

同济大学陈艾荣教授所著的《桥梁造型》从桥梁美的认识出发，创造性地提出了许多桥梁造型概念、原则和设计方法，如造型单元、功能单元的概念，桥梁造型设计的单元造型法、整体造型法、比例设计法、线形设计法、拓扑优化造型法，以及源于环境的造型构思方法和依据视点场进行桥梁设计的思想等，为桥梁设计人员进行桥梁美学设计提供了很好的指导和实用设计方法。

0.3 艺术视野的建立

人们将艺术视为满足自己对主观缺憾的慰藉需求和情感器官的行为需求而创造的一种文化现象，是人们情感交流的手段，是内省表达的途径。人类创造了艺术，艺术又激励和重塑了人类。从传统按照物质媒介和表现手段划分的表演艺术（音乐、舞蹈等）、视觉艺术（绘画、摄影等）、造型艺术（雕塑、建筑）、视听（电影、电视）、语言艺术（文学），到思维革命引发的大地艺术、观念艺术、行为艺术、数字艺术……人们对艺术的观念发生了根本性的变化，艺术从简单的形式表现和单向对话中被解放出来，艺术不再只是架上绘画的抒情表意，也不再是雕塑基座上的神似再现，艺术开始表现一个更为广阔的自由世界，表现一个更为复杂和多元的社会状态。艺术开始走下神坛，走向大众，走进生活，走进思想。抽象表现主义对下意识的运用和自由绘画；波普艺术对大众生活的世俗化反映，对不同媒介的拼贴和融合；观念艺术对生命的体验和思考，对自然的塑造和异化；后现代艺术时期的新表现主义艺术对历史的观念化理解和表现性解读，等等，都展现出艺术发展在摒弃审美表象后，对各种意识本质的追问和反思。这些艺术实践不仅为当代人行桥提供了

17

丰富的设计灵感，也直接影响了审美旨趣，同时为人行桥的理论研究提供了具有启发意义的艺术手段和艺术模式。

毫无疑问，艺术观念的拓展直接影响了人行桥的设计理念。目前的许多人行桥都带有很强的艺术特征，只有将艺术与人行桥研究视作同一层面的平行思考，才能正确解读和理解二者的相互关系，促进想象力的开拓以及新的人行桥的形态构成。例如，卡拉特拉瓦竭力倡导在桥梁形式和内容上开拓新思想和新方法，在人行桥设计中借鉴人体绘画和产品造型的分析方法对其展开形式探索。许多设计师，如哈迪德、盖里、威尔金森等，不仅从事人行桥创作，还尝试家具设计、产品设计、展示设计、建筑设计等。不同设计领域的交融正是当地艺术的又一典型特征，这些都加深了设计师对于设计的理解，促成艺术与设计的同一性思考模式。对艺术观念的借鉴和吸收，已经成为许多当今西方人行桥创作者的自觉意识。

针对目前人行桥设计中艺术被疏离的现象，同时西方人行桥创作越来越多地从艺术中寻找设计灵感的趋势，本书写作的主要动因就是试图对人行桥中的艺术现象与艺术问题进行系统的梳理和研究，以艺术的视野阐释人行桥中与之相关的艺术表现。这方面的研究就国内理论界而言，无论建筑界还是桥梁界，基本上还是一片空白。国外理论界虽有一些论著，但鲜有深入，还是以一般性评论为主。艺术视野的建立，一方面是这一领域在国内还比较陌生，另一方面是因为当前城市发展过程中充斥着大量缺乏艺术生命力的人行桥。如何认识和理解人行桥，对它们进行系统的整理，无疑会有助于从一个新的视角解读人行桥，并提升国内人行桥的创作和设计水平。

纵观艺术发展史，每一次的艺术运动和艺术流派的兴起，都是艺术家们独特思想的反映。当代艺术创作强调对世俗生活的融合，强调"人人都是艺术家"，摒弃复制性的描述，然而隶属于艺术家的个性化语言依然是强烈的。换句话说，艺术的不断进化和发展是以艺术家对原创性的追求为动力，以艺术为背景去研究人行桥的形态，是对当代人行桥创作缺乏原创性的一些思考。

人行桥的复兴繁荣是有目共睹的事实，但是这些突然间出现的作品大多还停留在对经典作品的模仿和复制的水平上，在重新吸收和消化的过程中，产生了许多不良的负面反应。从当今几位具有相当艺术修养和造诣的人行桥设计大师的作品中，亦可以看出其所借鉴的形式来源。尽管任何一种创作设计都或多或少地建立在对不同形式语言的借鉴上，问题的关键在于这种借鉴造成的结果，是囫囵吞枣地模仿产生的"消化不良"，还是贴上独一无二的个性标签。卡拉特拉瓦的作品中有着明显的对不同形式语言的借鉴，有高迪的手法，有仿生形式，有构成主义，等等，但最终的结果却是属于他个人的形式语言。施莱希的作品建立在严谨的结构理念基础上，同时吸收了莱昂哈特关于轻型结构的技术思想。与之相比，那些大量标榜着个性与创新的人行桥却是粗糙的形式拼贴，借鉴还仅仅停留在"借鉴"上，不仅未能超越，连有限的原创思想也在"借鉴"中被抹杀了。

原创性不仅是设计师个人思想的表现，也代表着一个国家和民族的设计水平。就人行桥而言，国内的人行桥作品缺乏原创性是不争的事实，即便是整体和谐的作品，也很难对人行桥的形式开拓起到带动作用。赖特曾经说过，一个伟大设计师必然是一个伟大的诗人，"他必须作为那个时代的原始诠释者"，优秀的原创风格的形成将会更加有力地促进人行桥整体设计水平的深化与提高，开拓设计视野，从更高、更深的层面上寻求人行桥的形态可能性，激发设计活力和设计多元化。当前人行桥的设计形式多元化，就是建立在以往设计师对原创风格不断探索的基础上。原创不仅是一种手段，更是一种责任。而对人行桥原创性的思考，无疑也对我们认识其艺术性有所帮助。

1 人行桥的历史
History of Footbridge

只有完全熟知一门艺术或者科学的历史时，才是真正意义上的掌握它。

——泰瑞[1]

人行桥必定是人类历史上最先出现的桥梁形式。

千百年来，人行桥真实完整地记录了整个桥梁工程发展史。在承载着一成不变荷载的同时，也见证了人类社会的变迁。对人行桥历史的追溯和思考也是对桥梁艺术史的梳理和审视。

天生桥、木桥、石桥都是人行桥的启蒙形式，是人类尝试利用"桥"征服自然的开始。虽然很难确切地给出第一座人行桥建造的时间，但可以明确的是，到18世纪工业革命之前，所有的桥梁都是为步行服务的人行桥，虽然只有木、石这样简单的材料，仅能依靠拱、梁等单一的形式，相对于当时人类在其他领域的进步，人们赋予桥梁的意义和内涵仍是极其丰富的。

自18世纪的启蒙运动开始，科技的革新、经济的增长都为技术和社会的变革提供了动力；到19世纪，变革在运输方式中集中体现出来。车行桥梁作为交通系统的组成，迅速发展，并成功地从结构工程中分离出来，形成一门新的工程学科。与车行桥的迅猛发展相比，人行桥似乎沉寂了。

21世纪的今天，在经济、技术的有利支持下，尽管人类沟通的能力得到前所未有的提升，几千米的大型桥梁已经司空见惯，但桥梁的结构形式仍旧延续着几千年前人行桥的梁、板、拱。在新的历史进程中，人行桥在沟通空间距离的同时，其内涵也在不断扩展和延续，所表达的境界和思维超越了物质世界的变迁而得到重新的诠释。

人行桥是技术的、文化的、艺术的，也是社会的。

---

1. H. G. Tyrrell. *History of Bridge Engineering*[M]. Stubbe Press, 2008:11.

1.1 萌芽

1.1.1 天生桥

人类从何时、何地建桥以及怎样建桥已经无从考证，但是人类的祖先们在寻找食物、遮风避雨的居所时，一定会遇到一道道天然的屏障——溪谷、沟壑、河流，为了跨越这些障碍，他们偶然间发现了大自然的创造——天生桥 [图1.1]。

今天的我们依然在感叹大自然的鬼斧神工，更不要说千年前的人类祖先。据记载，美国华盛顿州和俄勒冈州的哥伦比亚河上都存在过巨大的天然拱桥，当地的印第安人给它们起了神圣的名字——Tomanowos，意思是"上帝造的桥"。遗憾的是，这些拱桥在几个世纪前已经坍塌了，我们已经无法领略它们壮美的风貌。

美国犹他州的国家地质公园内保存有大大小小上千座天然石拱桥。其中最大一座跨径达 80m（260ft），高 32m（105ft）。美洲大陆上的史前人类往往会选择那些表面较为平滑的拱桥作跨越之用。世界上现存的最大跨径天然石拱桥就是位于美国犹他州国家公园内的"彩虹桥"（Rainbow Bridge）[图1.2] [图1.3]。

1.1.2 木桥和石板桥

天然的石拱桥需要特殊的地质条件才能形成，相对来说，倒塌的树

图1.1 几堆石头加几片石板组成的人行桥在今天依然常见，英格兰杜文顿石板桥
资料来源：*Footbridge*

图1.2 绘制于 19 世纪的木刻"天生桥"
资料来源：*Rainbow Bridge National Monument Utah*

图1.3 美国犹他州国家地质公园内的"天生桥"
资料来源：作者自摄

木枝干更易发现，因此，木桥和石板桥才是真正意义上的天生桥。远古时代的人们无意间发现河流中的树木不仅挡住了流动的河水，还为他们提供了过河的通路。早期的人类祖先利用河流中倒塌的树木过河只是出于一种本能。随着石器时代的开始，人类开始制作石斧、石刀之类的简单的工具。一些聪明的部落人利用燧石打造石斧砍伐树木、敲凿岩石，并拖着砍伐来的树木到河岸边搭建"桥梁"。等待有倒塌树木才能过河的日子终于结束了。

一根木头搭建的桥每次只能允许一个人通过，而且很不稳定，于是人们想到将几根树木绑在一起，这样不仅可以让更多的人通过，而且更利于树木的固定。几根木头拼成的桥虽然可以让更多的人通过，但是其凹凸不平的表面容易让人绊倒，于是人们又想到将木头劈成两半，用光滑的一面当作桥面。

沿河地区的人们可以利用长形的树干造桥，山区的人们又该如何呢？他们也面临生存问题，也需要寻找食物、寻找居所、躲避野兽，虽然那里没有激流，但是有深堑和沟壑。现存的人类遗迹表明，山区的人们有的用两块厚石板相互依靠，形成一个倒"V"形的桥面，如果石板足够长的话，就直接用石板搭在两侧岩石的突出部位。

有些河流很宽，一根树干、一块石板不足以跨越它，人们就想办法将石块搬运到河面中央，形成几个踏步，再在上面搭建木板或石板，于是有了汀步桥、多跨石板桥，如英格兰西南萨默塞特郡杜文顿的巴尔勒河上的多跨石板桥，由 17 个花岗岩石板组成，全长 55m（180ft），当地人称之为 "Clapper" [1] [图1.4] [图1.5] [图1.6]。

人行桥的历史就在这样的探索中揭开了序幕。

图1.4 图1.5 图1.6

图 1.4 阿富汗山区仍在使用的简易木桥
资料来源：*Il Libro delle Ponti*

图 1.5 英格兰西南索美塞得郡杜文顿的多跨石板桥
资料来源：*Bridges*

图 1.6 英格兰达特摩尔国家公园内的石板桥，桥面是一块完整的岩石
资料来源：www.suzanalmond.imagekind.com/

1.1.3 缆索承重桥

如果说运用石板、木条还是简单的模仿，不能称作是严格意义上的人类劳动，那么利用绳索跨越则是桥梁史中一个重要的里程碑，最早的形式可能是溜索。达尔文在《人类的由来与性选择》[2] 中证实了人类起源于类人猿。溜索大概源于人类潜意识中对树居生活的回忆：人类的祖先人猿曾经攀爬树枝，利用藤蔓飞越峡谷、溪流 [3] [图1.7]。

简单的绳索加上木板，形成了悬索桥的雏形。无论是简单的溜索，还是原始的悬索桥，它们所反映的技术进步是毋庸置疑的。直至今天，在各种桥型中跨越能力最强的悬索桥仍然基于同样的基本原理。缆索承重桥正是在这样的冒险行为中得到启发而产生 [图1.8]。

图 1.7 溜索：缆索承重桥的启蒙
资料来源：*Il Libro delle Ponti*

1. Bernhard Graf. *Bridges that Changed the World*[M]. Munich (Germany): Prestel，2002: 15-18.
"clapper" 这个词可能来自盎格鲁 - 撒克逊语，或是古代拉丁语和法语，原意指一堆石头。
2.（英）利基 . 人类的起源 [M]. 吴汝康等译 . 上海：上海科技出版社，2007: 47.
3. David J. Brown. *Bridges: Three Thousand Years of Defying Nature*[M]. Ontario (Canada): Firefly Books, 2005: 12.

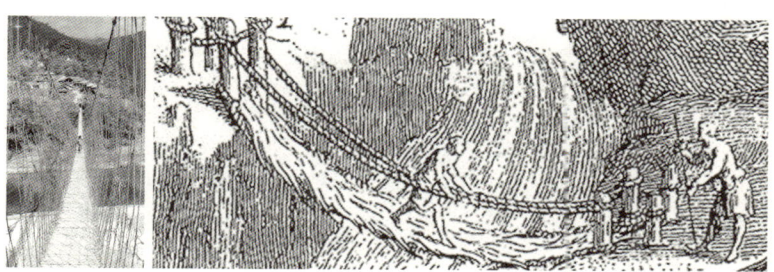

图1.8 早期的悬索桥的基本形式
资料来源:
Il Libro delle Ponti（左）；
Bridges（右）

1.1.4 拱结构和拱桥

关于拱结构的起源，学术界一直存在着很大争议。一些学者认为，拱结构源自于天然的石拱。这一说法并不确切，天然的石拱基本都是由于风化或水蚀产生的，因此是一个整体结构，与后来的人造拱形结构还是有很大区别。史前人类也许发现了自然界中的一个奇特现象，一块两边固定、中间悬空的石块可以承受很大的压力，受此启发他们开始模仿类似的形式，用几块石块错开叠加在一起，于是有了最初的人造拱。埃及、希腊、墨西哥以及亚洲的米诺卡岛上，都发现过类似的石拱遗迹，石块呈水平向堆砌，两边由下往上逐层相错，至顶端处会合。

公元 8 世纪左右，埃及和埃塞俄比亚的金字塔结构中，出现了一种较为先进的由石块和砖块构成的拱形结构。该结构中使用的材料基本都经过人为加工，拱底两侧的石块为平整的长条形，拱顶则是由不同形状的楔形石块组成的圆形 [1]。古希腊哲学家亚里士多德对该结构中的拱顶石有过一番描述，"这种神奇而特殊的体系，可以对抗来自两边的压力"[图1.9]。

图1.9 早期的拱形结构
资料来源：*History of Engineering*

---

1. David J. Brown. *Bridges: Three Thousand Years of Defying Nature*[M]. Ontario (Canada): Firefly Books, 2005: 16-17.

1.2 发展

从游牧到农耕，聚集的部落慢慢形成村庄和城市，人类社会在逐步走向文明。定居之后，社会生产力得以稳定、快速的发展。人们生存需要居所，生产过程中必要的交往与沟通，农业种植中的灌溉，人口的增长等因素促使工程技术飞速发展，此时，桥梁在交通系统中的作用日益显现。

虽然埃及文明和希腊文明创造了许多辉煌的不朽建筑，对于桥梁建造而言，真正对人类文明发挥重要作用的却是罗马人。他们第一次将桥梁建造列为一种专业技能和文化。通过保存下来的历史遗迹和考古发现，罗马人在 2000 多年前就已经创建了完备的桥梁建造体系。

古罗马时期所造桥梁大多出于军事的需要，是帝王们征战、侵略他国领域的产物。与埃及金字塔的建造相似，在生产条件极为落后、生产工具和生产资料匮乏的年代，桥梁建造同样需要大量的人力、物力和财力，有时甚至要倾全国之力，只有那些极其富有的君王们才有能力组织这样浩大的工程。

西方历史界普遍认为真正意义上的结构工程始于 4000 年前两河流域的美索不达米亚（Mesopotamia）。公元前 7 世纪的尼尼微（Nineveh），由辛那赫里布（Sennacherib）主持修建了一个由 18 条运河组成的灌溉体系，通过交错的运河网络将水引入城市，不仅如此，一条宽约 20m 的水渠穿越耶万河（Jerwan）一直延伸了 40km。据记载，在这条人工运河上，共建有五座拱桥 [1]。

现在看来，真正具备工程要素的桥梁仍然是整个社会的奢侈品。对于那些城邦小国，往往需要倾国之力；而像埃及、罗马这样的文明古国，如若不是彰显帝王开疆拓土的功绩、炫耀资本的心情或是向万能的神明示好，都是绝难得以实施的。

1.2.1 大型桥梁的探索

浮桥的建造过程比较迅速，消耗的材料相对较少，建成后拆卸也较为容易，这也是为何浮桥会同时出现在不同时期各个国家的主要原因。

---

1. Richard Shelton Kirby, Sidney Withington, etc. *Engineering in History*[M]. New York(U.S.A.): Dover, 1990: 19-21.

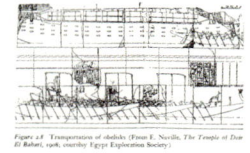

Figure 2.8 Transportation of obelisks (From E. Naville, The Temple of Deir El Bahari, 1906, courtesy Egypt Exploration Society)

图1.10

图1.11

图1.10 古代埃及人利用尼罗河上的浮桥和巨船运送修建哈采普苏特陵庙（Deir El Bahari）所需的石料
资料来源：*Engineering in History*[2]

图1.11 绘制于19世纪的木刻版画，记录了印度河上的浮桥
资料来源：*Il Libro delle Ponti*

因此，浮桥是后来大型桥梁的前身，它让长距离跨越河湖等水体成为可能，也是一种相对容易的桥梁形式[1]，且可以采用不同的材料、建造过程和不同的跨度，也不需要掌握很多建造知识。正因为如此，浮桥是军事作战过程中最为常见的桥梁形式 [图1.10] [图1.11]。

公元前626年，迦勒底人那波帕拉沙尔（Nabopolassar）建立了新巴比伦王国，受其旨意，那波帕拉沙尔二世（Nabopolassar II）在巴比伦塔（Tower of Babel）边修建了一座跨越幼发拉底河的大桥，作为城市中心的象征。史料记载这座桥全长约120～200m，共有7跨，支撑结构由砖、石块及木头组成。古希腊历史学家希罗多德（Herodotus，公元前490～前425年）认为，皇后尼托克里司（Queen Nitocris）的决定使这座桥得以实施，"在城市中央建这样一座桥的目的在于显示她的高贵，白天她让人在砖块和石块上搭建木板，好让自己从百姓的头顶上走过，到了晚上，这些木板又被人拆除"[3]。事实果真如此么？戴维·布朗（David J. Brown）对此持怀疑态度，他认为，在公元前6世纪建一座可拆卸的桥几乎是不可能的，如果真是这样的话，巴比伦人就是世界上最早掌握利用平衡装置建造活动桥的民族[4]。

在希罗多德的《历史》一书中，还提到了3座重要的具有军事意义的桥梁。公元前6世纪末期，波斯君王大流士一世（Darius）为了扩张领域，欲攻打东岸的斯基泰人 (Scythians)，下令修建两座浮桥，一座位于黑海附近的多瑙河入海口处，另一座则穿越博斯普鲁斯海峡（Bosporus）。公元前480年，大流士一世的儿子瑟塞斯（Xerxes）出兵希腊，在达达尼尔海峡（Dardanelles Strait）上修建了一座长度达1.5 km的浮桥。360条船在黑海一侧，另外一侧也有300余条船，亚麻和草纸制成长绳固定临近的两条船，通过这种方式建成一个海上平台。但是不久后的一场洪水冲走了捆绑船只的长绳，船只也被洪水冲散。后来，船头和船尾分别各绑定两条固定的绳索，并且砍伐树木制成与船身同宽的木板固定在船上，再在上面铺上一层泥土，再铺一层木板，同时在两侧安置栅栏。为了鼓舞士气、振奋人心，瑟塞斯亲自率领军队，并且第一个从浮桥上通过，由于士兵人数太多，整整7个昼夜才把所有的士兵运送到对岸 [图1.12]。

---

1. 唐仲友所著的《中津桥记》一书中记载："度高下、量广深、立程度，以寸拟丈，创木样置水池中，节水以筒，效潮退进，观者开喻，然后赋役"，对浮桥的设计建造做了详细的描述。
2. 转引自 Edouard. Naville, *The Temple of Deir El Bahari*[M]. Charleston: Nabu Press, 2011.
3. Herodotus: *The Histories* (translation, introduction and notes by C. Dewald)[M]. Oxford University Press, 1998.
4. David J. Brown. Bridges: *Three Thousand Years of Defying Nature*[M]. Ontario (Canada): Firefly Books, 2005:28.

图1.12 巴比伦塔与幼发拉底河（The Tower of Babel）[文艺复兴时期的荷兰画家老彼德·布勒哲尔（Pieter Brueghel the Elder），1563 年]
资料来源：维也纳艺术史博物馆（Kunsthistorisches Museum, Vienna）

　　浮桥在中国的历史要远早于西方，最早的有历史记载的浮桥见于《诗经·大雅·大明》，周文王为娶妻在渭水上架起一座浮桥，距今已有 3000 年，比希罗多德记载早了 500 多年。戴维·布朗则认为中国的浮桥建造可以追溯到公元前 2000 年，当时中国人已经开始用舢板建浮桥过河 [1]。公元前 541 年的春秋时期，秦景公的母弟后子针因自己所储财物过多，恐怕被秦景公夺财杀害，在今天山西省临晋附近的黄河上架起浮桥，带了"车重千乘"的财富由今陕西逃往晋国，算是第一座黄河大桥。东汉建武十一年（公元 35 年），光武帝在与四川割据势力公孙述作战中，公孙述曾在现今的湖北宜都县荆门和宜昌县虎牙之间，利用险要的地势，架起一座浮桥，即江关浮桥，以断绝汉光武帝的水路交通。以后被汉光武帝的水师利用火势纵火烧毁。隋大业元年（公元 605 年）河南洛阳洛水上建成的天津桥，是第一次用铁链联结船只架成的浮桥。唐太宗李世民所作的《赋得浮桥》云："暂低逢辇度，还高值浪惊。水摇文鹢动，

---

1. 原文见 *Bridges* P19:" From perhaps as long ago as 2000 B.C., the ancient Chinese built pontoon bridges, made out of sampans moored a few feet apart parallel with the current…"

缆转锦花萦。"[1]用来描绘他乘坐御车渡越浮桥时，船头上善于搏击风浪的鹢鸟图形和缆索上的朵朵锦花，在江河波涛上摇曳动荡的景象。到汉唐时期，浮桥的运用日益普遍。千百年中，建造的浮桥难以统计。许多地区在建造永久性桥梁以前，总要先造浮桥，以便摸索并了解水情，然后再寻求合适的永久性桥型，前述洛阳桥是一例。据粗略统计，仅在长江和黄河上就曾架设过近20座大型浮桥，其中大部分属军用。

1.2.2 宗教的影响

公元前6世纪，罗马的英雄霍拉提乌斯·科克列斯（Horatius Cocles）只身一人守卫罗马的苏比利切斯桥（Pons Sublicius），抵御伊特鲁里亚人的进攻，与敌军浴血奋战，让罗马城中的百姓有时间破坏此桥，以中断敌人的进攻。史料虽然没有记载该桥到底是用何种材料修建，但是若能在短时间内破坏的话，该桥一定是木质的。关于罗马的木桥记载非常少，后来随着石头成为建筑材料的主流，木桥就逐渐被石桥取代。目前唯一有记载的木桥出现在凯撒大帝（Julius Caesar）的《高卢战记》（De Bello Gallico）中，该桥建于公元前55年，长约400m，位于今天科布伦茨（Koblenz）附近的莱茵河上[图1.13][图1.14]。

到公元2世纪，罗马的造桥技术已经非常发达，其中有三个主要原因：首先，罗马人发明了重要的防水材料——水泥——作为基础，用水、石灰、沙土添加一定比例的火山岩灰制成坚固的桥梁下部结构；第二，罗马人会在基础边修一圈围护，称之为"Cofferdam"，大大降低了河水对基础的腐蚀；其三，他们发现楔形拱不仅强度上比之前的拱形结构更坚固，让大跨度结构成为可能，且更加安全。西方建筑学的奠基人——罗马建筑师和军事工程师马可·维特鲁威（Marcus Vitruvius Pollio），在《建筑十书》中虽然没有特别提到罗马的桥梁，但是他详细描述了"Cofferdam"的建造过程，并肯定了"Cofferdam"在工程实践中的作用[2][图1.15]。

图1.13 图1.14 图1.15

图1.13 根据《高卢战记》记载复原的莱茵河木桥
资料来源：罗马的古罗马文明博物馆（Museo della Civiltà Romana, Rome）

图1.14 公元14世纪英格兰战争时期，木桥因其取材、建造灵活，成为战争中的防御进攻手段
资料来源：Bridges of Battle: Famous Battlefield Actions at Bridges and River Crossings

图1.15 古罗马时期的桥梁基础
资料来源：Bridge Engineering

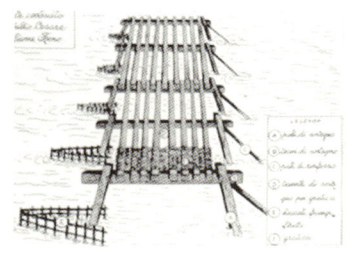

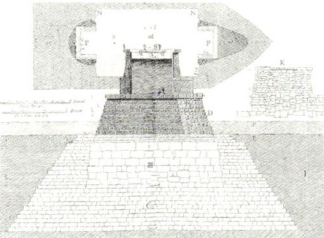

---

1. 张忠纲. 全唐诗大辞典·全唐诗卷 [M]. 北京：语文出版社，2000.
2. 维特鲁威. 建筑十书 [M]. 高履泰译. 北京：知识产权出版社，2004: 34-52.

罗马人不仅创造了桥梁建造方法，还为后人留下了许多不朽的传世之作。罗马帝国的鼎盛时期，共建有 8 座石拱桥——苏比利切斯桥（Pons Sublicius，公元前 621 年）、阿米柳斯桥（Amemilius，公元前 178 年）、米尔维乌斯桥（Milvius，公元前 100 年）、法布里奇斯桥（Fabricius，公元前 62 年）、克斯提乌斯桥（Cestius，公元前 46 年）、阿柳斯桥（Aelius，公元前 136 年）和亚尼库拉努斯桥（Janiculanus），虽然经历了 2000 多年的风蚀雨淋，其中 6 座今天依然可见。阿柳斯桥也就是现在圣天使桥的前身，更被誉为罗马的"桥中桥"[图1.16]。

图1.16 皮拉纳西（Piranesi）的木刻作品，描绘了圣天使桥下的景象
资料来源：*Piranesi: The Etchings*

位于罗马市中心的圣天使桥（St. Angelo）是由哈德良大帝（Emperor Hadrian）下令修建，连接马尔提乌斯（Martius）和对岸的马乌索勒陵墓（Mausoleum）。马乌索勒原本只是哈德良大帝为自己和家人修建的家族陵墓。公元 6 世纪，教宗格里高利一世（Gregorian I）巡游经过此处，见到圣米迦勒（St. Michael）显像，于是更名为圣天使城堡，阿柳斯桥也就随之更名为圣天使桥，马乌索勒陵墓继而成为现在的圣天使城堡。克雷蒙特七世（Clement VII）在 1530 年将圣彼得和圣保罗的雕像树立在桥头，以此纪念他们在罗马殉难。1668 年，尼古拉斯三世（Pope Nicholas III）又重新修复了圣天使桥，在桥的两侧又添加了 10 尊巨大的白色大理石天使雕像。原本该桥共有 3 个主拱，主拱两侧又分别有 2 个和 3 个副拱，其中 2 个被河岸两侧的泥土埋盖，直到 1892 年重建时才发现。目前可见的是 6 个拱，其中最大的长 19m，最小的长 8m，宽度是 15m。

与罗马城中保存的其他古桥一样，圣天使桥最初的修建主要目的是出于军事战备的考虑。在动荡的战争年代，帝王、贵族们出于自身安全的考虑，在修建的城堡边开挖一条深的槽沟或人工河，作为抵御外敌的一道屏障，罗马帝国时期此风更盛。类似的例子屡见不鲜，维罗纳斯卡拉家族城堡依着阿迪杰河修建，城堡通向外界的方式就是一座桥，一方面联系城堡内外，另一方面，当有外敌入侵时，可作为临时的抵御工事。帕多瓦老城也是有一条护城河环绕，由一座座桥将城内与城外相连。

　　罗马帝国成为欧洲中心后，圣天使桥的军事作用逐渐被淡化，尤其是当圣天使城堡成为教皇的御所后，圣天使桥在人们心目中更是带上些许宗教化色彩 [1]。因此，尼古拉斯三世在 17 世纪下半叶委托当时著名的雕塑家和建筑师贝尔尼尼（Giovanni Lorenzo Bernini）设计桥上的雕塑时，与其说是顺应民意，不如说是突显自己"太阳之子"的形象，为自己的统治增添一个更好的借口。两侧的圣天使就是要传达一种强烈的宗教信息，虔诚的信徒们在圣天使的注视下由人间通往天堂，可以与上帝靠得更近 [图1.17] [图1.18] [图1.19]。

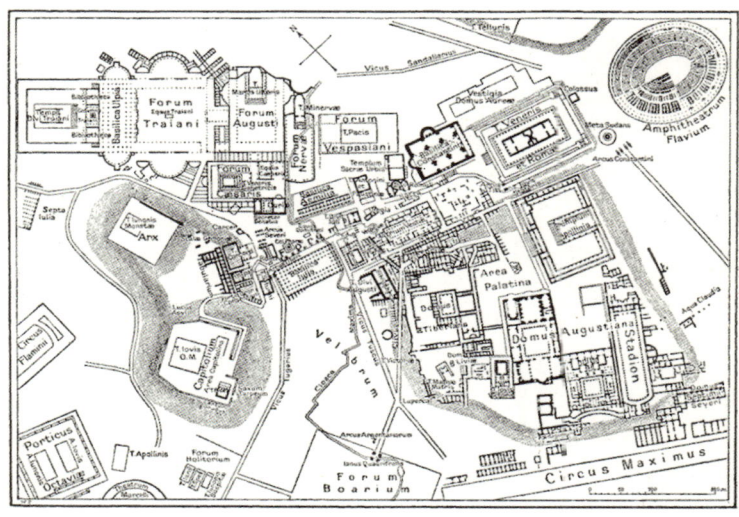

图1.17 从 16 世纪罗马城区图可以看出，圣天使桥是当时罗马的城市生活中心
资料来源：*Rome: Then and Now*

1.2.3 城市生活的需要

　　当城市中人口聚集越来越多，有限的土地资源已经不能满足居住和交通的需求，一种新兴的人行桥——居住桥（Inhabited Bridge or Living Bridge）应运而生，并迅速在欧洲各地的主要城市中普及开来。从城市发展的历史来看，其发展过程可分为四个主要阶段：第一个阶段出现在中世纪初期；第二个阶段由于城镇的聚集和人口的增长，在 11、12 世纪开始兴起，但并未大规模普及；第三个阶段是中世纪末期至 16 世纪晚期，欧洲各主要帝国为显示其财富开始大兴居住桥，作为向外显示自身实力的标志；第四个阶段是 17 世纪后，此类型的人行桥逐渐没落，最后的一座居住桥是 1770 年建造的英格兰巴斯的普特尼桥。据称，从中世纪到启

---

1. David J. Brown. *Bridges: Three Thousand Years of Defying Nature*[M]. Ontario(Canada): Firefly Books, 2005.

图1.18

图1.19

图1.18 通向圣天使城堡的唯一道
路
资料来源：作者自摄

图1.19 圣天使桥上的天使雕塑细
部
资料来源：作者自摄

图1.20	图1.22
图1.21	图1.23

图1.20 伦敦老桥全貌，约翰·诺登（John Norden），1594年，现存于大英博物馆
资料来源：*London Bridge: 2000 Years of a River Crossing*

图1.21 巴黎塞纳河上的居住桥，取自巴黎规划局部（The Plan de la Tapisserie），1540年
资料来源：*Centre Georges Pompidou, Paris photos by Jean-Claude Planchet*

图1.22 瑞士苏黎世城市中心，木刻作品，1576年
资料来源：Baugeschlichtliches Archiv der Stadt Zürich, A.Scherer Fotograf

图1.23 1688年柏林城中心，木质模型，1688年
资料来源：柏林城市博物馆基金会 (Stiftung Stadtmuseum Berlin)

蒙运动数百年的时间内，欧洲各地大概共建有上百座居住桥[1]，遗憾的是，由于各种各样的原因，大约只有十几座得以保存至今 [图1.20] [图1.21]。

居住桥出现在中世纪的欧洲有其特殊的社会背景：其一，欧洲的主要城镇通常建在沿河地区，一方面水是人类的生存之本，另一方面水运是当时最主要的交通运输方式；其二，这些城镇的扩张往往是以河流作为城市的轴线，向河岸两侧扩张，特别在西欧的城市中这种现象非常普遍，柏林、伦敦、巴黎、佛罗伦萨、威尼斯……均是如此；其三，也是最主要的因素，就是中世纪的欧洲城市出于城防需要，会在城市外围建造一圈防御城墙，这就限制了城内的土地供给。因此，当城市发展和人口增长的矛盾日益突出时，城镇会扩张其原来的土地范围，修筑一道新的城墙。但也只是权宜之策，落后的交通方式注定了城市范围不可能无限扩张。于是，既可连接两岸交通，又可解决土地资源矛盾的居住桥就应运而生。虽然名为居住桥，然而在城市中心河段建设的居住桥通常不是作居住之用，而多是作为商店或商铺 [图1.22] [图1.23]。

伦敦老桥（Old London Bridge）对于许多人来说，就像是一个充满神秘色彩的传说，在它长达600多年的生命中（建于1176年，毁于1823年），在桥上发生了多少故事呢？伦敦老桥记录了伦敦的历史沧桑，

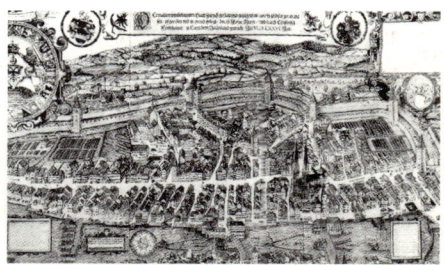

1.Bruce Watson, Trevor Brigham & Tony Dyson. *London Bridge: 2000 Years of a River Crossing*[M]. MoLAS, 2002.

它不仅仅是一座集礼拜堂、仓库、商铺、居所于一身的老桥，是伦敦城市生活的缩影，也是欧洲第一座居住桥，285m 的长度在 12 世纪来说是人类建桥史上的一个壮举。经历了洪水、火灾、霜冻的老桥能在 600 多年间，日日夜夜地见证伦敦的城市变迁，从某种意义上说，伦敦老桥就是一座微缩城市 [图1.24]。

伦敦老桥由圣玛利科尔教堂的神父彼得于 1176～1209 年主持修建，穿越泰晤士河，连接南沃克与对岸。在 1739 之前，该桥一直是伦敦市唯一的一座桥梁。最早在桥上造房的做法始于 1201 年，在桥身的中央建造了一座礼拜堂——圣托马斯礼拜堂（St. Thomas Chapel）。该教堂是当时教区内最大的教堂，吸引了很多附近的教徒前来，为此甚至还修建了一处河面上的入口专供渔民往来。1209 年，约翰国王（King John）下令在桥上兴建住房出租给穷人们，收入可作为维护和管养桥梁的费用，但是不久后这些住宅又成了唯利是图的商人们剥削的新途径，从一些反映当时社会生活的绘画作品中可以看到，老桥上的住宅从上到下共有 7 层，拥挤狭窄的空间内居住着大量穷困潦倒的城市贫民。

伦敦老桥对伦敦的城市发展起着举足轻重的作用。作为城市的核心，它的建成将泰晤士河两岸的联系变得更为便捷，将南岸的人口转移到北岸，促进了北岸的发展。伦敦老桥在政治生活中同样发挥着极为重要的角色。1660 年，查理二世向斯图亚特家族（The House of Stuart）宣布收回王权就是以伦敦老桥为背景。1725 年，老桥又一次历经火灾的摧毁后，叛军首领的头颅同样被悬挂在南沃克一侧的桥头示众 [图1.25]。

伦敦老桥在经历过 500 年的辉煌后，从 18 世纪开始逐渐走向没落。一方面是越来越多的马车、牛车使得原本就不宽的桥面越发拥挤，交通压力越来越大，于是在老桥的西面修建了一座木桥，随后又拆除了桥上的住宅；为加宽桥身，中间的桥墩和临近的两个拱也被拆除。出于安全和稳定性的考虑，1823 年，屹立在泰晤士河上的伦敦老桥终于结束了使命，由一座新的五跨石拱桥取代 [图1.26]。

图1.24　图1.25

图1.24 从南沃克看伦敦（London from Southwark），1630 年
资料来源：
大英博物馆（British Museum）

图1.25 《大火中的伦敦》（The Great Fire of London），荷兰画派（Dutch School），1666 年
资料来源：
大英博物馆（British Museum）

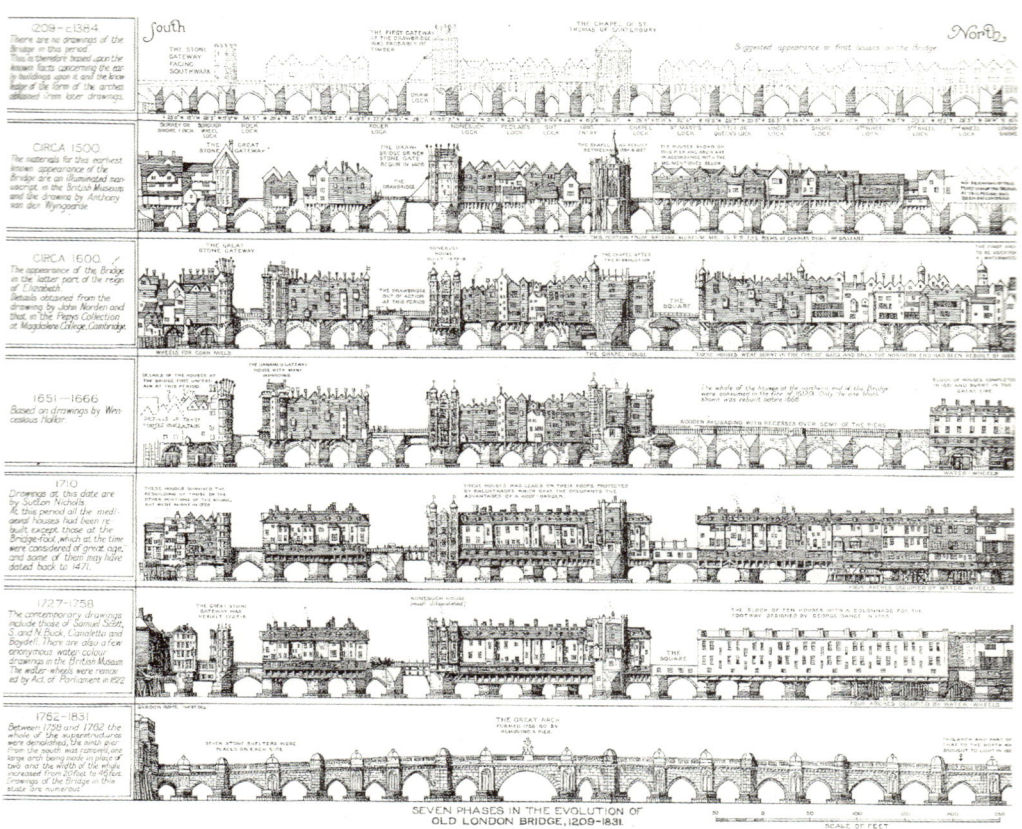

图1.26 伦敦老桥经历的7个形式演变阶段，
1209～1831年
资料来源：大英博物馆（British Museum）

1.3 沉寂

1.3.1 工业革命的影响

18 世纪中叶，英国人瓦特改良蒸汽机后，一系列的技术革命引起了从手工业劳动向动力机器生产转变的重大飞跃，机器取代人力、大规模工厂化生产取代个体手工劳动。伴随着蒸汽机的发明和改进，从前生产所需的动力——人力和畜力——成为"剩余劳动力"，工厂不再依河而建，很多以前依赖人力和手工完成的工作自蒸汽机发明后均被机械化生产取代。工业革命不仅引起生产方式的巨大变革，人们的生活方式也因此发生了翻天覆地的变化。蒸汽机的发明让出行方式发生了根本性转变，汽车、蒸汽火车使距离不再是约束城市发展的阻力。

享受到技术革命带来的生活便利后，步行俨然成了一种旧的、落后的交通方式。如果说以前只有王公贵族才能享受到马车带来的荣耀象征，火车和汽车则让普通百姓真正体会到科学和技术带来的社会福利，不必花费很多钱，人人都可乘坐蒸汽火车便捷地从这个城市到另一个城市，乘坐汽车从城市这端到另一端。铁和钢取代了使用几千年的石材和砖，成为社会生产的物质基础，桥梁建造开始进入到一个"钢铁时代"，公路桥梁和铁路桥梁成为这一时期桥梁建造的主要形式，欧洲和美洲大陆纷纷兴起修筑，与之相反，人行桥却进入到一个漫长的蛰伏期。

从社会生产的角度来看，工业革命标志着生产方式由手工业生产向工业化、机械化大生产的转变，特别是自 1851 年英国水晶宫博览会后，钢铁展示了在大空间尺度建筑上表现出的巨大优越性。在 19 世纪经济高速增长的力量推动下，创造越来越庞大的体积和跨度成为结构建造追求的目标。顺应时代的呼唤，桥梁建造开始由小型结构向大型化结构方向发展，桥梁的服务对象也发生了根本性的转变，过去的步行、牛车、马车被新兴的汽车、火车取代。除了少数桥梁仍以人行为目的外，工业革命后各地兴建的桥梁多是以车行为主要目的，许多桥梁甚至没有专门的人行步道，成为单纯意义的、为车行服务的公路桥、铁路桥 [图1.27] [图1.28]。

1.3.2 钢铁的普及

欧洲第一座铁桥是建于 18 世纪末期（1779 年），位于英格兰什罗浦郡（Shropshire）塞文河（River Severn）上的科尔布鲁克德尔桥（Coalbrookdale），以此联系英格兰中部的工业化重镇布劳塞雷（Broseley）和梅德雷（Madeley）与新兴的工业中心科尔布鲁克德尔之间的交通。由

图1.27 1851 年伦敦世博会主题展
馆——水晶宫
资料来源：《工业设计史》

图1.28 水彩《桥》（瑞典）埃利斯·马
丁（Elias Martin），1739 ～ 1818 年
资料来源：*Elias Martin，1739-1818: An
Exhibition*

于人们尚未掌握铸铁的性能以及各构造节点的力学作用，因此形式上完全仿照木与石的结构拱形式，整座铁桥的跨度达 30m，每侧拱肋由分开的四分之一圆组成，两侧拱肋在拱顶处交汇。完美的构造和令人惊叹的巧妙组装，造就了这样优质的铸铁拱桥。

作为第一座铸铁桥，科尔布鲁克德尔桥出现在英格兰并非偶然。工业革命开始于英格兰中部，工厂化的铸铁生产也是源于这里，因此，英格兰的铸铁生产成本要远低于其他国家。不仅如此，科尔布鲁克德尔厂[1]的老板达尔比家族（Abraham Darby），是英格兰最早开始从事铸铁生产的制造商，拥有丰富的铸铁生产经验，且在英国议会中有很大的影响力，也正是达尔比三世（Abraham Darby III）促成议会通过建造首座铁桥的提案。这些均为该桥的建造提供了有利的物质基础保障[2]。

科尔布鲁克德尔桥具有划时代意义，不仅在于它让世人开始认识到"铁"成为桥梁建造中的可能性，而且也让"铁"成为此后桥梁建造中

---

1. Cox, N. *Imagination and Innovation of an Industrial Pioneer: the First Abraham Darby*[J]. Industrial Archaeology Review, XII, 1990,(1) : 127-144.
2. Thomas, E. *Coalbrookdale and the Darby Family : the Story of the World's First Industrial Dynasty*[M]. York : Sessions/Ironbridge Gorge Museum Trust, 1999:37.

的主角，100 多年后，铁桥已经从模仿的木石拱的 30m 发展到跨度可达几百米。

此外，科尔布鲁克德尔桥加速了桥梁设计、建造和施工的职业化分工。该桥的形式设计由经验丰富的职业建筑师托马斯·普利特查特（Thomas Farnolls Pritchard）完成；桥梁的结构部件生产由达尔比的铸造厂完成；施工建造则由约翰·威尔金森 (John Wilkinson) 负责 [图1.29]。

拱结构是石桥的主要形式，也正因如此，拱桥对于桥梁工程师来说是最熟悉的结构，这也是为何 18 世纪末期修建的铁桥大多为拱结构。铁质拱结构不久以后，出现了铁质桁架拱桥。铁质桁架拱是也是模仿之前的木桁架结构。科尔布鲁克德尔桥的成功为达尔比的铸造厂积累了一定的桥梁建造设计经验，从而开始在形式上尝试摆脱木结构的影响[1]。建于 1796 年的比尔德沃斯桥（Buildwas Bridge）同样位于塞文河上，由达尔比三世的铸造厂负责生产，主体不再像科尔布鲁克德尔桥那样由两片分开的拱肋组成，拱跨为一个整体，跨度达到 40m，之后的桑德兰桥（Sunderland）跨度已经达到 72m。

值得一提的是，正是由于工业革命的巨大影响，地区间的交流越来越频繁，尤其是欧洲和美洲大陆之间的资源流动。桑德兰桥则开启了桥梁建造和设计中不同地区之间的职业化流动。桑德兰桥的形式设计是由

图1.29 科尔布鲁克德尔桥（Coalbrookdale），1779 年
资料来源：
Industrial Archaeology Review

---

1. Thomas, E. *Coalbrookdale and the Darby Family : the Story of the World's First Industrial Dynasty*[M]. York : Sessions/Ironbridge Gorge Museum Trust, 1999.

美国的设计师托马斯·佩恩（Thomas Paine）完成，事实上，这项设计是佩恩在美国取得设计专利权后，再由英格兰的厂商加工制造完成的，此后他又将该专利带回美国，试图在费城的斯库基尔河（Schuylkill）再建一座类似桥梁[1]。不过由于该结构的变形和振动问题一直都没有得到很好的解决，因此，1858年桑德兰桥被一座新的桥梁取代，该结构形式并没有被推广下去[图1.30]。

1.3.3 短暂的辉煌

工业革命在欧洲各地如燎原之火，迅速从英格兰蔓延至整个欧洲，后来又波及美洲大陆，人行桥也没能抵挡住铁质桥梁的汹汹来势。作为新兴技术的代表，"钢铁"俨然成为"时髦"的象征和标志。面对建造更迅速、结构更安全、形式更灵活的"诱惑"，人行桥也只能欣然接受。

意大利威尼斯，一直以来都被冠以"文艺复兴"的艺术中心、"亚得里亚海明珠"，以其保存完好的中世纪建筑和城市闻名于世。自文艺复兴后，威尼斯的新建建筑屈指可数，但是在19世纪中叶至19世纪末期的数十年间，却接连在运河上修建了一系列的铁质人行桥，其中最具代表意义的莫过于大运河上的学院桥（Ponte dell' Accademia）和火车站桥（Ponte degli Scalzi），且这两座桥均出自英国桥梁设计师阿尔弗雷德·奈维勒（Alfred Naville）之手。学院桥建于1854年，7年后又建造了火车站桥，两座桥在形式上非常相似，都由铸铁制成，除跨越两侧的支柱外，当中没有任何支撑结构。栏杆扶手也是由铸铁制成的，模仿植物藤蔓的花纹。

图1.30 桑德兰桥（Sunderland Bridge）的两种形式
资料来源：*Thomas Paine*

---

1. Ayer, Alfred Jules. *Thomas Paine*[M]. Chicago: University of Chicago Press, 1990: 1.

这两座铁桥都没有存在很久，1933～1934 年间，学院桥被今天所见的木质桁架拱桥取代，火车站桥也被一座混凝土拱桥取代。铁质人行桥为何在威尼斯经历了短暂的辉煌后，又迅速从人们的视野中消失了呢？背后隐藏的深层原因的确值得好好探究 [图1.31] [图1.32]。

"钢铁"作为工业时代的最佳代表，毫无疑问在城市建设发展中发挥了举足轻重的作用，其作用力和影响力一直持续到当下，然而，铁质人行桥在历史上的辉煌时期却非常短暂，从 1779 年第一座铸铁桥科尔布鲁克德尔桥到 20 世纪初风行美国的、以纽约的布鲁克林桥和旧金山的金门大桥为代表的大型结构，只有短短 100 多年。从最初的附属性结构部件[1]到建筑构造的主体结构，从隐藏在石砌墙面的背后到结构外观的主体，从单纯意义的实用材料变成特定历史时期具有意义的符号，"钢铁"经历了一次"华丽的转身"[图1.33]。

铁质人行桥的出现打破了木材和石材在人行桥建造和设计中一统天下的局面，无论是材质上还是形式上，都为人们提供了更多的选择。过去的人行桥受材料性能的影响，不能实现较大距离的跨越。尽管木桁架可以满足人们对距离的需求，但是木材较差的防火性和防水性都限制了

| 图1.31 |
| 图1.32 |

图1.31 学院桥，1854～2008 年
资料来源: *Il libro dei Ponti*（左）；
作者自摄（右）

图1.32 火车站桥，1858～2008 年
资料来源: *Il Ponte Ferroviario in Laguna*（左）；作者自摄（右）

1. R. F. Tylecote. *History of Metallurgy*[M]. Inst of Materials, 1992: 3.

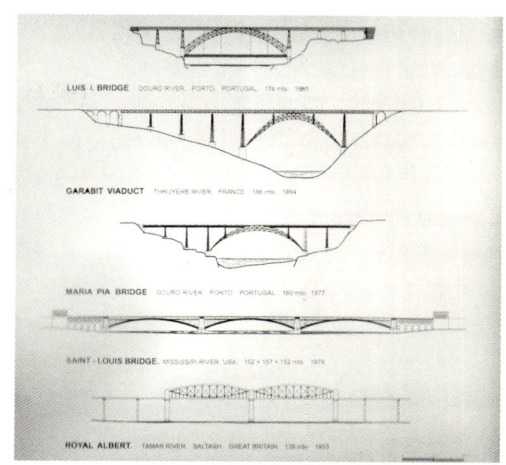

图1.33 1853～1885年建成的最大铁桥
资料来源：*Bridges*

它的使用。另一方面，轻和薄——这个结构领域追求的目标，在铁的作用下不再遥不可及，钢铁的运用能够让结构变得更加轻盈。其次，铁有较好的延展性和可塑性，使得它在桥梁装饰上能够发挥巨大作用，这一特点无论是科尔布鲁克德尔桥还是学院桥、火车站桥上都能得到印证。

最后，大量的铁桥在同一时间段集中建造，开始让人们反思这个"冰冷的家伙"是否能够反映出人类的真实情感？19世纪末期英国的工艺美术运动（Arts and Crafts Movement）和20世纪初法国的新艺术运动（Art Deco）尽管是艺术和设计领域的一次革新，但其影响也触及到了桥梁设计领域。艺术与技术、美学和实用功能相结合的设计目的不仅只针对工业品，对人行桥同样适用。20世纪20年代后，钢铁逐渐退出人们的视线，从装饰性部件回归结构建造领域。钢铁作为一个时代符号，可以看作是人行桥从中世纪辉煌到20世纪初没落的一个缩影。

1.4 复兴

曾几何时，步行还是一种落后、过时的交通方式，人行桥自然也不被人们所重视。时过境迁，今天的人行桥已经不仅是让人们由A点到达B点、联系彼此的途径，人行桥已经成为一种时尚、一个地标、一面城市复兴的旗帜，甚至还是投资客们眼中的香饽饽。

近十几年来，欧洲各地开始兴起修建人行桥，进入20世纪后，兴修人行桥之风也愈演愈烈，英国先后在泰晤士河和泰恩河上修建了两座千禧桥，西班牙的毕尔巴鄂在古根海姆博物馆边上架设了一座从对岸直接通向博物馆的人行桥，巴黎在塞纳河上新建了西蒙桥（Passerelle Simone de Beauvoir）[1]，连通密特朗国家图书馆（Bibliothèque nationale de France François Mitterrand）和贝希公园（Parc de Bercy）。伦敦市长利文斯通（Livingstone）提出的"大伦敦计划"(The Livingstone Plan for Greater London) 和 2006 年哥本哈根提出的"城市公共空间计划"（The Urban Space Action）都大力提倡将步行作为未来城市中的主要出行方式，人行桥的地位无疑被推向前所未有的高度。经历百多年的沉寂后，人行桥又重新回到人们的视野中。

1.4.1　新材料与新技术的应用

工业革命后，桥梁的建造技术和建造材料都飞速发展。战后数十年间，新兴科技成果应用到实际项目中的例子更是数不胜数，特别是计算机和仿真模拟软件已经完全可以模拟出施工过程中结构体系的各个阶段，一些三维软件在方案设计阶段的作用也是越来越大。过去只能通过手绘和模型制作完成的效果并不能完全再现建成后的情况，然而，现在一切都由于计算机的介入变得十分容易。用传统手段精确模拟三维空间中的不规则曲面在过去是难以想象的，借助 CAD 和 3DMAX 等软件，使得设计变得随心所欲，使得设计师的创作空间也被无限放大。弗兰克·盖里在西班牙毕尔巴鄂设计的古根海姆博物馆可以被视为计算机应用在结构设计领域中的典范 [图1.34] [图1.35] [图1.36]。

对于大型桥梁来说，如何满足结构体系的要求是贯穿设计施工的首要准则，高强度的荷载要求和施工难度大都是约束大型桥梁在形式上难以突破的主要原因。与大型桥梁主要解决结构和施工难题不同，作为桥梁中尺度最小的人行桥，其设计灵活性更大，更具自由性。

近年来出现了一个非常有趣的现象，那就是出现了越来越多的人行桥设计竞赛。事实上这一传统可以追溯到中世纪的威尼斯，里亚尔托桥就是经过一番激烈竞赛后才选定的最终形式。与里亚尔托桥竞赛中参赛者均出身建筑师不同，现在的人行桥竞赛吸引了更多来自不同领域的人，他们中有建筑师、结构工程师、工业设计师、平面设计师，甚至还有艺术家，其中不乏许多已经享誉世界的设计名家，如 1977 年迈克尔·格雷夫斯（Michael Graves）参与明尼苏达州的法尔格和摩尔黑德 (Forgo & Moorhead) 文化中心桥方案竞赛，1986 年理查德·罗杰斯（Richard

---

1. 又称 Passerelle Bercy-Tolbiac, 2005 年更名为 Passerelle Simone de Beauvoir, 以纪念法国著名女演员西蒙娜·德·波伏娃。

图1.34 毕尔巴鄂古根海姆博物馆
从初期概念到最终建成，概念草
图—计算机模型—最终建筑
资料来源：
*Frank O. Gehry: Guggenheim
Museum Bilbao*

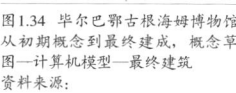

图1.35 西班牙建筑师卡拉特拉瓦
（Calatrava）设计的毕尔巴鄂沃
伦汀人行桥（Campo de Volantin
Bridge in Bilbao），1997年
资料来源：*Calatrava: Complete
Works，1979-2007*

图1.36 布利斯托莫比乌斯桥（Mobius Bridge, Bristol）设计方案，三维计算模拟软件的运用让结构体系像丝带般柔韧自如
资料来源：http://www.hakes.co.uk/

Rogers）参加伦敦哈格佛特桥（Hungerford Bridge）设计的竞赛，1996年伦敦泰晤士河水上居住桥吸引了扎哈·哈迪德（Zaha Hadid）参加竞赛，著名的伦敦千禧桥也是经过几轮竞赛最终由诺曼·福斯特（Norman Robert Foster）赢取。在此背景下，出现了一批专门从事桥梁设计的设计师，他们原本来自不同的领域，但是桥梁最终成了他们工作的重心，其中的代表有纽卡斯尔盖茨黑德千禧桥的设计者威尔金森和艾尔设计事务所（Wilkinson & Eyre），西班牙巴伦西亚人行桥和威尼斯大运河第四桥的设计者卡拉特拉瓦，作品遍布欧洲各国的德国施莱希·贝格曼及合伙人工程设计事务所（Schlaich Bergermann und Partner，简称SBP）……

　　能够吸引众多不同领域的精英共同参与到人行桥设计中，除了人行桥结构较简单、形式和造型变化多样外，新材料和新技术的发明及应用无疑为设计师的创意发挥增添了更多选择。例如，玻璃纤维增强塑料(GFRP)型材是现在非常流行的一种人行桥材料，与传统材料相比，GFRP具有重量轻，比强度高，耐腐蚀，电绝缘性能好，传热慢，热绝缘性好，耐瞬时超高温性能好等优点，且其最突出的优点是可以根据设计需要塑形，以及添加颜料染色。威尔金森和艾尔设计事务所在盖茨黑德千禧桥和威尔士的斯旺西桥（Swansea Bridge）中都运用了该材料。很难想象，如果没有GFRP的应用，如何让盖茨黑德千禧桥的两片跨度达105m的桥面与支撑拱实现自由地开启与合拢 [图1.37] [图1.38]。

1.4.2 城市标志与符号

　　为迎接千禧年的到来，各地政府使出浑身解数，为的是向世人展示过去千年的功绩成果以及表达人们迎接新千年的喜悦，例如，北京的世纪坛、罗马的千禧教堂、芝加哥的千禧公园、泰晤士河边的"伦敦眼"和"世纪蛋"。人行桥也成为代表千禧文化的一个标志进入人们的视野，其中最为引人注意的要数位于伦敦市中心的千禧桥。它之所以引人注意，

图 1.37 利用 GFRP 材料建造的盖茨黑德千禧桥让自由开合成为可能
资料来源：*The Gateshead, Baltic Millennium Bridge Order*

图 1.38 斯旺西帆桥（Swansea Sail Bridge），桥塔的形式借鉴了帆船的桅杆，弧线造型让桥塔显得异常轻盈
资料来源：*Footbridge*

除了设计师诺曼·福斯特本人在业界的极大影响力之外，独创的悬索结构以及一波三折的开放过程都让这座桥成为舆论关注的焦点。

自伦敦塔桥 1894 年建成以来，千禧桥是百年来泰晤士河上新建的唯一一座桥；不仅如此，作为联系（现代）南岸泰特美术馆（Tate Gallery）和（传统）北岸圣保罗大教堂（St. Paul's Cathedral）的纽带，其意义自然是不言而喻。尽管是一座悬索桥，却没有常见的如蛛网般的悬吊钢筋和拉索，整个桥身仅以两座桥墩为支点，起平衡作用的钢筋吊索基本和桥面平行。该桥全长 330m，中跨为 144m，桥面宽 4m。从外形上看，整体有序而简洁利落，加上材质的色泽，更能充分体现其科技感和未来感 [图 1.39]。

"只准步行！禁止摩托车、自行车、滑轮、滑板以及溜冰鞋！"（Pedestrians only. No motorcycles, pedal cycles, scooters, roller skates, rollerblades of skateboards），写在千禧桥入口处的告示牌看上去似乎与环境不是很协调，但却反映了该桥一直不得不面对的尴尬。从 2000 年 5 月 13 日第一次开桥之日起，桥体的振动问题一直饱受争议。两万多人如潮水般涌上千禧桥，在重力作用下产生共振，引发桥体巨幅振动，伦敦当局不得已将此桥关闭，且建筑师福斯特本人在电视上向公众致歉。一

图1.39 伦敦千禧桥，2002 年
资料来源：
*The Norman Foster Studio:
Consistency through Diversity*

年后，福斯特与合作的结构事务所 **ARUP** 不得不求助于美国国家航天局（**NASA**）寻找新的避振材料才得以解决问题。虽然千禧桥经过一定结构改造已经重新对公众开放，但是人们对其振动问题依然担心。事实上，一定的振幅在结构领域是可以被接受的，但对于公众来说，牢固、厚重的结构所暗示的安全性更为重要。这也是现代人行桥中必须面对的一个问题：牺牲结构带来的美感体验是否值得？其价值平衡点又如何控制掌握？人行桥结构和造型评价体系是否需要考虑公众的意愿 [图1.40] [图1.41]？

　　回到桥梁本身，千禧桥从设计之初就体现了建筑师大胆创新的勇气。诺曼·福斯特的设计原型来自于艺术家的想象，换句话说，这座桥从构思阶段起，其内涵就远非一座步行桥那么简单，设计师和艺术家都将其视为一件艺术品进行创作。从设计图纸到实际建造，福斯特始终坚持且尊重艺术家的创意，从没更改过原始设计，所有的结构技术问题都通过结构和力学手段去解决。除此之外，千禧桥还必须面对所有地标性建筑都需要承担的压力：如何有效地解决与城市文脉的关联？在这一点上，不得不佩服福斯特的设计能力。尽管许多桥梁界的人士对此桥嗤之以鼻、不以为然——2300 万英镑的造价换来一座还在振动的桥，然而无论市政当局、普通百姓还是游客们对该桥的一致反应却是出奇的好。挑剔的伦敦人会将千禧桥骄傲地介绍给各方来客，政府当初决定修建此桥代表"新伦敦"的初衷也得以实现。

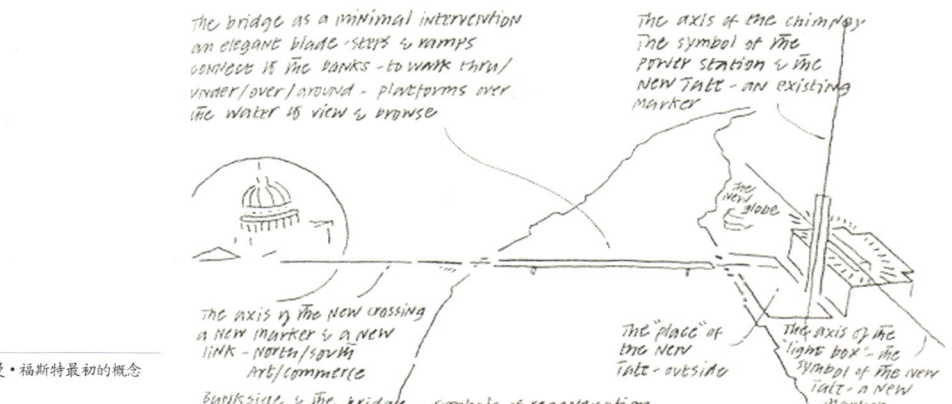

图1.40 诺曼·福斯特最初的概念
资料来源:
The Millennium Bridge

图1.41 伦敦千禧桥, 2002 年
资料来源: Fabrizia Zorzenon 摄

2 人行桥的视觉语言
The Visual Language of Footbridge

> 我们用"表现力"这个词表示一件东西所具有的一切暗示能力，用"表现"这个词表示表现力所促成的事物的审美变化。因此，表现力是经验赋予任何一个形象来唤起心中另一些形象的一种能力，这种表现力就成为一种审美价值，也就是成为表现。
>
> ——乔治·桑塔亚那[1]

人有五感，对城市环境中的实体而言，视觉能确认物体，把握物体的物理属性，如体积、重量、色彩、图案、质感和肌理；触觉能把握物体的体积、重量、温度、质感和肌理，能对物体的大致类比有所判断，却无法认识色彩和图案；听觉和嗅觉只能对声源和味源物体的大致类比有所判断，没有视觉和触觉的介入，很难明确辨认发出声音和气味的个体。

在城市空间中，视觉可感受距离、体积、空间界面和方向特征，视觉还能够了解城市空间中的各种活动，可以了解活动主体、活动内容、活动形式和过程。因此，在视觉、听觉、触觉和嗅觉感受城市环境和景观的对比中，视觉具有绝对优势，甚至可以取代其他感官的部分功能。

景色或景观的美学价值应该被视作景观的有效"产品"。对于人行桥这样一种特殊的社会公共品来说，设计者面临的问题之一就是，对主、客体的尺度、相关性以及客体的多样性认识上表现为肤浅的形式，易于转化成流于形式的模仿品。设计者与公众之间的误解是由于缺乏共同的视觉表达语言，从而不能在美学价值展开正常的沟通。因此，本章试图建立起一系列的景观视觉词汇，它们不仅能使公众认识不同的人行桥，也能让公众表达出他们的真实意愿，尤其是来自不同专业背景的人能够讨论并且评价某座人行桥，并且以合理的方式讨论其优缺点，以便对一个特定人行桥的景观视觉价值达成共识。

2.1 视觉形态的基本要素

生活中充斥着各种各样的事物，任何看得到、摸得着的物体都具有

---

1. George Santayana. *The Sense of Beauty: Being The Outlines of Aesthetic Theory*[M]. Kessinger Publishing, 2007: 8.

一定的形状。因此，从某种角度来说，人类的任何创造过程，实际也是一个造型过程。任何有形体设计的地方都离不开形态构成，居住的房子，出行的车辆，生活中的家电，穿戴的衣物，甚至品尝的食物……形态构成涉及生活的方方面面。

形态的构成方式多种多样，任何复杂的形态都可以被分解成为最简单的基本要素。概括地说，点、线、面、体是用视觉表达实体空间的基本要素。生活中我们所见到或感知到每一种形状都可以简化为这些要素中的一种或几种的结合[1]。将任何形分解后都能得到点、线、面、体，这些抽象化的点、线、面、体称为基本的形态要素，因为它们排除了材料的特性，如色彩、质地、大小等等。点、线、面、体之间可以通过一定的方式相互转化，也就是说它们彼此间的划分也是相对的，在一定的场合下，点可以看作是线、面或是体，反之亦然。基本要素之间的关系复杂多变，不同情况下也应分别对待。

2.1.1 点

点，在几何学上是无形态、无面积、无厚度的。作为造型要素的"点"是有明确形态和具体位置的，其大小是占据空间位置的视觉单元，没有上下左右的连续性和方向性，其大小小于视觉单位"点"的限度，一旦超过就成为具有"形"和"面积"的"圆"。点的形状多种多样，不受限制，特定环境比例中能起到"点"的作用的形，就可视为点。

点的形状多种多样：原点、三角点、方点、任意形点等等，用于表现各种形象的层次、明暗、连缀等特点，点的大小、疏密、轻重、虚实可以增强立体感、绒感、影子感等，增加形象美以及轻快、舒畅和节奏的感觉。

越小的点感觉越强，越大的点感觉越弱。

点是力的中心，是视线集中的趣味中心。绘画中常用到"画龙点睛"中的"睛"在形式上即为"点"。点的美感作用在创造中很多，画面中的最明亮处或是最动感处，色彩最强烈突出处，等等。

点的大小、多少，位置的高低、上下、左右、远近，以及明暗等差异，使得点的用法和效果千变万化。点的处理要尽量做到大小相称、多少适量，

---

1. Lillian Gattett. *Visual Design: A Problem-Solving Approach*[M]. Krieger Publishing, 1975: 8.

有疏有密、有虚有实，做到层次分明。点既可刻画形象，也可描绘光线，更可表达体积，可以有意识地突出形象 [图2.1]。

2.1.2 线

几何学上的线有位置、长度，无厚度和宽度。造型上看得到的线，有位置、长度和宽度，线和点一样是与环境对比而言的。

线比点更能表现出物体的特征。自然界中的面和体都由线表现，无论形态怎么复杂，一条单线都能概括，线条能突出而鲜明地强调出形象的特征。线具有表现形体、确定边际、指示方向、暗示空间、启发感觉等特征。

线可分为有形和无形两种。有形的线是直观的，能看到的，如直线、曲线、实线、虚线。无形的线需要经过观察、分析、比较研究后才能被发现，如人的视线、天空中飘浮的云朵、溪水流过的痕迹等。

图2.1 斯蒂文·霍尔设计的奥地利罗恩罗斯镇 Loisium 酒庄，玻璃上斑驳的点源自葡萄架下的点点光斑
资料来源：作者自摄

线是物体抽象化表现的有力手段。线的粗细能产生远近作用，粗细结合可产生立体感。线的间距变化也能产生远近，间距密显远，间距疏则显近。

2.1.3 面

线的移动形成面。面有长度、宽度，无厚度，有方向和位置。直线平行移动形成方形，直线旋转移动形成圆形，斜线平行移动形成平行四边形，直线绕其端点移动形成扇形……因此，面的形态是多种多样的。

常见的面可分为几何平面、自由平面、几何曲面和自由曲面。几何平面是指那些边界具有一定规律的平面，如正方形、矩形、圆形、三角形等等，这类面能给人以安定、信赖、确定、坚固和秩序感。自由平面的边界没有特定的规律，其特性是强烈、敏锐、大胆、活泼。几何曲面的边界比直线柔缓，有逻辑性和数理性，反映自由、确定之感。自由曲面不具有几何秩序，处理得当具有优雅、女性、柔软、丰富的效果，处理不好会出现散漫、无秩序、杂乱的特征 [图2.2] [图2.3]。

2.2 人行桥的视觉空间

构成是以数种以上的单元元素（点、线、面、体）重新组合成为一个新的单元，同时注重处理上的视觉关系。构成是创造形态的方法，通过研究形与形之间怎样联系，如何创造形象，以及形象的排列方法，建立起完整的造型概念。

如果说 20 世纪以前的人行桥主要是以功能为依据来确定其形式的话，进入 21 世纪后，人行桥则更具趣味性特征，最明显的表现就是不少

图2.2　图2.3

图2.2 生活中的"点"与"线"
资料来源：*New Basic Graphic*

图2.3 "点"、"线"、"面"之间可相互转换
资料来源：*New Basie Graphic*

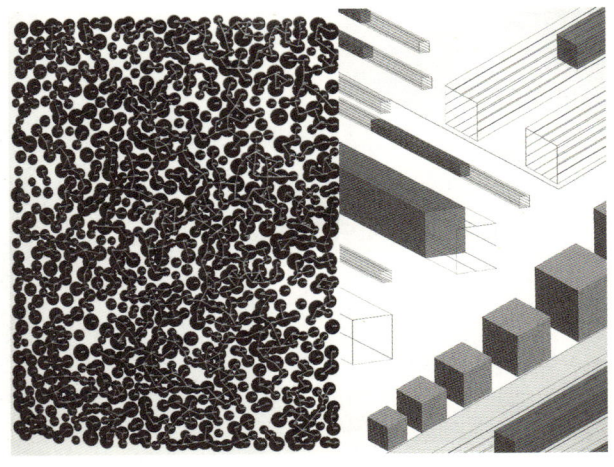

人行桥具有如建筑语言的晦涩性，促使人们必须从不同的角度去阐释。

目前，有关人行桥设计的理论研究有许多不同的切入点，达成的普遍共识是富有个性的人行桥应该是有本之木、有源之水，一个重要方面就是构成体系在创作上的介入。以构成为切入点，能够更好地把握现代人行桥的创作趋势，尤其是当代的人行桥更多地被视作城市地标。尽管构成的表现并非当代人行桥创作的全部，却是人行桥富有个性的重要环节。一些设计师正是将构成体系与人行桥的特定条件与环境因素相融合，并进行必要地分析，才创造出众多富有灵性、打动人心的人行桥。

2.2.1 空间造型中的构成

平面构成和立体构成是人行桥设计中最基本的空间创作手法。平面构成运用二维平面（点、线、面的变化）表现客体的运动规律和变化统一的构成格局；立体构成则是运用三维形体（体的变化）的拆分和组合变化来表现空间美感。对于人行桥来说，移动的视点得以在桥上与桥下观察桥体造型的全貌及每一个细部特征。几何形体的变化是人行桥空间的多方位表现力的保障。平面构成和立体构成都是塑造人行桥造型的有效手段。

人行桥的造型过程中，常用到的平面构成手法主要有：重复、近似、渐变等几种。重复即同一基本体连续的、规律性的排列，表现出一致的形象使构成效果显示出整齐、稳定、具有一定节奏和韵律的美感。近似是在重复的基础上的轻度变化，它摒弃了重复构成中的不变性，是一种既变化又统一的构成形式。渐变是利用基本形作规律性的循序变动，如按照一定的数列比例进行的理性变化 [图2.4]。

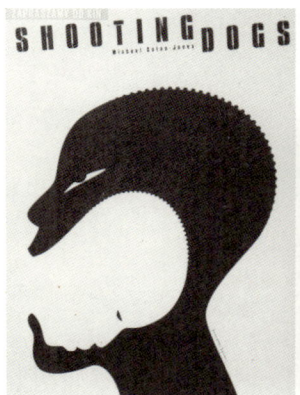

图2.4 利用"正形与负形"原理设计的海报和指示牌
资料来源：
《设计百年》（左）；作者自摄（右）

图2.5 德国汉诺威世博会一个展馆的入口，凸起的拱
与凹进的入口暗示着空间的作用
资料来源：*Expo 2000 Hannover: Architecture*

　　立体构成可以看作是三维空间内的"平面构成"，在空间中形象与空间互相交织形成一个有机整体；同时，客体形象的各部分之间相互衬托、相互补充、相互联系，在画面上产生正形与负形，利用分离、接触、重叠等手法构成复杂的视觉效果[图2.5][图2.6]。

　　不同的材料给人以不同的情感力量，平面构成和立体构成都离不开材料，尤其是结构形式和施工方法为形式的构成提供了更多选择。威尔金森和艾尔设计事务所在阿姆斯特丹纳西欧桥（Nescio Bridge）中，就充分发挥了构成手法在桥梁造型中的优势，主桥的双弧线平面不仅满足了结构强度的要求，同时主桥又在两侧分离成双向入口，丰富和强化了桥梁整体的视觉形象。为了突出主桥造型的完整性，刻意淡化了桥塔的形象，也正因为此才能创造出如此富有艺术感染力的空间形态。

图2.6 纳西欧桥，阿姆斯特丹，
2006年
资料来源：www.wilkinsoneyre.com/

2.2.2 人行桥的空间构成

曼彻斯特在人类铁路史上占用重要地位，1830 年开放的利物浦—曼彻斯特铁路是铁路客运的开创者。在过去的半个世纪中，曼彻斯特城市中心几乎被大大小小的数十个火车站包围，由于曼彻斯特没有地铁系统，市内交通完全依赖地上交通，因此市内仍由轻轨系统和铁路连接。

1996 年，爱尔兰共和军制造的爆炸事件摧毁了市中心的很多地方，随后 6 年的重建工作成为曼彻斯特城市发展的重要契机。美国易道景观设计公司（EDAW）为曼彻斯特所作的总体规划中，新建一些街道和广场，鼓励公众的使用和参与，让人们感受城市生活的魅力，使城市中心焕发新的活力，重获新生。皮卡迪利花园（Piccadilly Garden）是曼彻斯特传统的城市中心，原本是一个下沉式花园，由于地处城市中心，加之周边人流复杂，使得这里成为犯罪活动的温床，毒贩、小偷大量聚集，加之周围居民逐渐搬离，公共建筑使用也越来越少，使这里逐渐衰落。皮卡迪利花园的改建是城市重建的重要一项。

作为城市公共空间的重要节点，皮卡迪利花园被各种道路包围，公共汽车和多条有轨电车必须从这里通过，重要的地理位置带来川流不息的人群，地下是城市最大的地下变电站，地面上还有两座历史雕塑需要保留，如何合理地安排这一切成为设计最大的挑战。

改造后的皮卡迪利非常简单，从广场平面看到，两处雕塑（点）、零星的乔木、直线的人行桥、曲线的道路（线）、大片草坪（面）、椭圆形喷水平台（面）组成了一个开敞、明亮同时具有灵活使用功能的城市绿洲。安藤忠雄设计的清水弧形小建筑将花园与公共汽车站分隔开来，里面设有信息亭和咖啡厅。来往穿越花园的人群是花园的活力所在，一条曲线道路不仅联系东西两侧，同时从形式上呼应了弧形建筑。花园的中心是大片开敞的草坪，仅在外围简单地种植少许乔木。草坪中心是一个倾斜的椭圆形黑色大理石喷泉平台，180 个喷头的不同组合可以变换出不同高度的水流或水雾，周围是一圈供人休息的矮凳。贯穿花园南北两侧的道路从花园当中穿过，在喷泉处变成一段浮桥。

该设计以功能性道路确立花园结构，没有繁复的装饰，也没有大量珍稀植物花卉的装点，在解决复杂问题的同时获得简洁而优美的景观效果。大量复杂的交通被直接而合理地引导，花园的其他空间反而具有安静的气氛，适于人驻足休憩。良好的使用性、空间的易读性以及合理的造价使皮卡迪利花园成为曼彻斯特城市公共空间改造的新起

点 [图2.7] [图2.8][图2.9]。

2.3 人行桥的视觉设计原则

从概念的空间、感官的空间、知觉的空间到物质的空间、精神的空间间，在每一个时期，不同的文化都存在自有的空间理论以及审美价值体验。古罗马人认为空间是一张脸，是内心世界的外在表现，不同的空间就如同不同的人拥有不同的面孔一样。中国古代风水理论认为，空间场所是不同要素彼此间的相互作用，所谓的"场"与当前的空间观念有着几分相似之处。英国人讲生活的隐喻加载到环境空间中，不同的空间拥有自己的属性，水、植物、泥土、空气、阳光等，都是空间中的元素。

为了理解我们与人行桥空间发生的关系，我们有必要弄清是如何，以及通过何种途径感知空间的。首先必然是那些能够引起视觉注意的，对我们来说是十分明显的元素，"大脑只对某些选择的视觉特征进行反应。毫无疑问最初对大脑来说，这些被高度提炼出来的特征特别重要，同时那些不重要的特征被忽略掉了。"[1] 那些与光线、颜色、时间相关的基本要素是可见的，我们可以通过各种方法看见它们，同时还有一些有限而根本的方法去改变它们。几何、尺度、纹理、色彩秩序、光影作为空间语法，需要与基本要素放置在一起，才能理解空间格局的最终意义。变量通过各种组织原则相互作用，决定了总体视觉效果是否和谐。

2.3.1 几何

物体的几何特性或是形状特性，在我们以一种格局感知周围环境时，有特别强烈的效果。物体的几何特性涉及点的变化、线的变化，以及面与体的边缘变化，是识别物体特征的主要手段。尤其是线的变化（面与

图2.7

图2.8

图2.7 位于曼彻斯特城市中心的皮卡迪利花园（Piccadilly Gardens）
资料来源: *Urban Landscape*

图2.8 由"点"、"线"、"面"构成的曼彻斯特城市中心
资料来源: *Urban Landscape*

---

1. Richard Gregory. *Eye and Brain* [M]. Princeton University Press, 1997: 256-257.

图2.9 改造后的皮卡迪利花园既是
城市交通中心，也是公共生活的中
心
资料来源：www.flickr.com

体的感知则与光影的关系更为紧密），在很多情况下，往往只需要一条轮廓线就可以辨识出三维形式，缺省一个物体的其他性质时，仍可以通过轮廓线得以辨认 [1]。

坐落于日本尼崎市兵库县的小名村庄是日本当代著名的女建筑师长谷川逸子的作品，于 1992 年开始设计，1995 年竣工完成，占地 6624m[2]，总建筑面积约 13243m[2]。由于靠近大阪国际机场，且地形很不规则，周围都是低层的高密度住宅，场地上空经过的高压线限制了建筑的高度，杂乱的场地状况和复杂的环境给设计者提出了更高要求。

建成后的小名村庄由 9 个区段通过多元组织被统一在一起，创造出一个相互呼应、彼此协调的建筑群体。建筑中的住宅部分采用钢筋混凝土结构体系，满足住宅的结构要求，预制构件提供了灵活的空间分隔。人行桥部分采用钢结构，结构形式和材料上与住宅形成互补。小名村庄的阳台采用长谷川逸子钟爱的多孔金属和聚碳酸酯板材料制成的扶手栏板。楼顶单元的屋顶设计成高度不一、相互交错的弧形金属屋顶。

从主体的几何特性上看，小名村庄是对称形式施以统一变化的结果，住宅阳台的水平波浪线与人行桥护栏的竖向波浪线，以及楼道间连廊的三角形挡板，在动态中求稳定，变化中求统一。在二维层面上（形），平面以及各个立面均能发现形式上的相似；在三维层面上（体），通过构成关系的有机处理，消解了形的不平衡，同时克服了相似形态重复给人的机械感。结构体系和形态通过"协调"的对称带来不同的变化组合，使之充满生气和活力。

看似附属的人行桥将 9 个区段的 259 间出租单元连接起来。人行桥既是交通联系的通道，又是协调组织的关键元素。9 个独立的区段通过人行桥进行了组合统一。人行桥突出了结构体系的组合情况，强化了体系间的协调秩序 [图2.10] [图2.11] [图2.12]。

无独有偶，2009 年建成的位于北京东城区的当代 MOMA 采用了与小名村庄类似的处理手法，由人行桥组织和协调建筑群。当代 MOMA 是由美国建筑师斯蒂芬·霍尔（Steven Holl）设计，占地 6.18hm[2]，建筑面积达 22 万 m[2] 的大型住宅社区。建筑群共由 9 幢建筑构成，其中相邻两座高层间的 12 ～ 18 层以及中心休闲综合体与两侧建筑之间均由人行桥连接。设计上考虑未来城市生活模式，引入复合功能概念，具有丰富

1.（美）John·L·Motloch. 景观设计理论与技法 [M]. 李静宇，李硕，武秀伟译. 大连：大连理工大学出版社，2007: 107.

图 2.10

图 2.12　图 2.11

图2.10 小名村庄鸟瞰
资料来源：《长谷川逸子》

图2.11 利用三角形的变化丰富了单调的连廊
资料来源：《长谷川逸子》

图2.12 人行桥的隔板形式源自阳台的波浪形隔板
资料来源：《长谷川逸子》

的视觉空间，宜人的建筑尺度、亲切的社区环境和良好的邻里关系，满足了人们对生活、工作、教育、休闲、交往等方面的需求。人行桥将社区内大部分的休闲活动串起，如艺术画廊、健身房、图书馆、餐厅、酒吧等，同时将公共与私密空间连接起来，不仅丰富了视觉形态，也强化了生活形态 [图2.13] [图2.14] [图2.15]。

2.3.2 尺度

"尺度"是一个相对概念，是人们对构造空间及其细部所产生的尺寸相对感。这里没有将"尺寸"作为讨论的重点，是因为在空间语言中，

图2.13 当代MOMA大型住宅社区，
北京，2009年
资料来源：www.archdaily.com

图2.14 人行桥与主体建筑采用了相
同的形式语言，协调了主体间的有
机组织
资料来源：www.archdaily.com

图2.15 简单的形体与色块组合，单
调却不失趣味
资料来源：www.archdaily.com

图2.13	
图2.14	图2.15

对人类的感知系统来说，尺度比尺寸更具意义。当我们与物体的距离发生变化时，它们的尺寸并不会因此发生变化，而尺度则不然，尺度体现了空间语言中的许多微妙组合，人的自身就是衡量尺度的基本单位。因此，尺度通过尺寸作用于人的视觉和心理，在视觉感知变化的情况下，尺度是我们用来保持感知连续性的有效手段。

当我们围绕着物体在空间中移动时，物体的大小、形状和颜色在感知中保持连续，"尺度"就是用来表达移动时，人所能感觉到的相对尺寸。许多优秀的设计作品正是充分运用尺度的原理和概念营造出雄伟的、庄严的、高贵的（如金字塔、哥特式教堂、故宫等），或是亲切的、宜人的效果（如苏州园林、流水别墅等）。

加尼叶（Charles Garnier）设计完成的巴黎歌剧院（Opéra de Paris，又称为加尼叶歌剧院）有着巨大的尺度，从入口、门厅到它比较著名的楼梯，整幢建筑的每一个部分都非常巨大。设计之初，业主显然委托卡涅尔完成一件伟大的作品，以符合上流社会的奢华生活情趣[1]。歌剧院本身就是一个巨大的舞台，上流社会的成员来到这里，不仅观别人演戏，同时也是"舞台"上的"演员"，雄伟的大台阶与其说是通向上层观众席，倒不如说是通向上流社会的必经之路，也就自然成为展现贵族生活的光鲜背景。为了与这个大尺度的环境相匹配，身处其中的人也自然需要扩大自身的尺度，盛装打扮——高耸的假发、羽毛帽、宽大的裙摆、高跟的鞋子，这些服饰让穿着的人们占据更多的空间，为豪华的装扮提供理由。巧妙的空间层高转换让其中的人们互相展示，观众也仿佛成为舞台上的表演者。此处，空间的尺度不是一个简单而抽象的几何概念，而是具有某些社会和政治价值 [图2.16] [图2.17]。

图2.16 19世纪的法国贵族妇女服饰
资料来源：《明天是舞会——十九世纪法国女性的时尚生活》

1. Christopher Mead. *Charles Garnier's Paris Opera: Architectural Empathy and the Renaissance of French Classicism*[M]. The MIT Press, 1991:183.

图2.17 即使今天身处歌剧院内部，也会有时空交错的恍惚（Opéra Garnier，1874 年）
资料来源：www.flickr.com

从人行桥空间的某些特点中，我们能够阅读出尺度，特别是那些与人相关的部分，那些提供来容纳我们身体的形体和尺寸会格外吸引注意。当这些特征部分看起来太小或者太大时，马上会注意到这些变化。

天安门前的外金水桥和午门内太和前的内金水河是环绕紫禁城的 2 条护城河，在内金水河上并列着 5 座石桥。在华丽的太和门前，这 5 座桥显得颇为特别，不仅由于这 5 座桥坐落于最华丽的太和门前，开阔而规整，每一座桥上的装饰也各有千秋。5 座内金水桥之中，居中的主桥最长、最宽，古时只有皇帝才能通过，其余 4 座为宾桥，共宗室王公河文武百官通行。主桥又称"御路桥"，两侧的 2 座叫"王公桥"，"王公桥"左右的为"品级桥"。"御路桥"的白石栏杆柱头雕刻着蟠龙望柱，下衬云板，其余 4 座的栏杆雕刻成荷花柱头，《故宫遗录》有载"皆琢龙凤祥云，明莹如玉，桥下有四百石龙，擎戴水中，甚壮"。"御路桥"桥宽 5.78m，"王公桥"较窄，宽 4.55m，而"品级桥"则更窄。从这 5 座桥的使用对象、建制和桥上装饰，可以看出早在古时人行桥的尺度就已经被当作体现封建社会等级制度的工具 [图2.18]。

图2.18 内金水河上的 5 座石桥
资料来源：
《中国建筑艺术全集·宫殿建筑》

2.3.3 色彩

色彩是与尺度和几何相关的重要元素之一。色彩又可分为物理色彩和光学色彩。物理色彩是依靠光线照射，再反射出部分光线刺激视觉形成的；光学色彩是通过三棱镜分离白色光得到的。光学色彩的三原色为红、绿、蓝，混合三原色可得到白色光，而物理三原色则为青蓝（Cyan）、洋红（Magenta Red）、黄（Yellow），加上黑色（Black）就是我们常说的印刷色 CMYK。

在纯物理学的领域里，色彩无非是光波的波长变化，因此，在一定范围内可以被视作是连续统一体，但是，由于眼睛对于波长的接收是不连续的，这就造成有些颜色会比其他颜色更加明显：黄色、桔色、红色要比蓝色、绿色、紫色更容易吸引人的注意而成为前景。实际上，在大规模构筑物中的色彩配合现象已经成为建筑和结构空间领域必不可少的重要手段。

利用色彩塑造桥梁形象，在目前的桥梁设计中也是常被使用的创作手法。其中最著名的莫过于金门大桥。金门大桥目前的外装色彩——国际桔色（International Orange）——是经过长期的调研，最终结合公众和专家的意见得出。事实上，虽然金门大桥的桔色在今天已经得到广泛的认可，但是当年的色彩评估过程也是一波三折：由于旧金山多雨、多雾的气候条件，因此许多结构工程师和建筑师建议使用反光强烈的金色；考虑空中飞行安全，美国空军（United States Air Force，缩写为USAF）主张桔色和白色；海军则希望是黄色和黑色。建筑师莫荣（Irving Morrow）建议桥塔漆成金色或银色以符合"Golden Bridge"这个名号[1]。最终采用国际桔色主要有几方面的考虑：第一，金门大桥的整体造型取自马林海峡（Marin Headlands），因此国际桔色能够与灰蓝色的天空和海面形成鲜明对比；第二，旧金山湾区潮湿的气候富含铬酸盐（chromate），对桥上的铁质部件腐蚀严重，因此国际桔色能够有效隐藏生锈的部位；第三，也是最主要的原因，就是国际桔色的"温暖感"、"前进感"和"突出感"能引起观者的紧张感和焦虑感程度更高，可以使人警觉和保持清醒，从而不仅满足了航空和航海要求，也突出了金门大桥的视觉形象 [图2.19]。

金门大桥开启了色彩在塑造桥梁空间造型方面的新篇章。自金门大

---

1. Donald MacDonald. *Golden Gate Bridge: History and Design of an Icon*[M]. Chronicle Books, 2008.

图2.19 不同使用者对金门大桥的不同色彩需求
资料来源：*Golden Gate Bridge*

桥之后，设计师逐渐意识到色彩在塑造桥梁造型上的重要装饰作用。桥梁的色彩开始作为环境色而展示它的形象。桥梁色彩的选择取决于设计者希望它在环境中突出到什么程度，是融和于环境之中，还是突出环境、夺人眼球，抑或是不露声色地隐藏在环境之中 [图2.20]。

人行桥空间的色彩塑形需要量体裁衣，考虑与周围环境和谐统一，还应兼顾对地方风俗和民族文化传统的尊重。一般来说，人行桥色彩塑形的首要原则是色彩和谐，即人行桥的整体色彩与周围环境关系恰当，各部件、细节间色彩搭配适宜。许多人行桥都有主体色彩和主题基调，主导色的面积也相应最大，或与环境色相符，或脱离环境色形成互补关系。小面积的细节部分则会依据设计目的和需求的不同相应变化，如英国布里斯托老城区的这座人行桥，主体框架采用暖黄色基调，是为了与该地区阴冷潮湿的天气形成对比，尤其是在漫长的冬季，室外活动本来就很少，营造一个人工的温暖环境显得十分贴心，而该桥的附属设施也没有喧宾夺主，低调的灰绿色栏杆与木质铺地有效缓解了大面积暖黄色与环境间的紧张感。因此，这是一个优秀而成功的人行桥色彩运用案例，通过色彩的组合，将复杂形体概括为整体性很强的视觉有机体，桥梁的形体与色彩协调关系良好，形象主次分明，大胆的色彩缓解了环境的沉闷感，丰富了欣赏趣味性 [图2.21] [图2.22] [图2.23] [图2.24]。

2.3.4 秩序

空间中的运动使我们的视觉系统不断感受空间的不同变换，所有的空间体验，都取决于赋予内部循环以获取完美无瑕的秩序，人行为

图2.20 金门大桥
资料来源：作者自摄

图2.21 暖黄色的人行桥给人以温暖
的感觉，（英）布里斯托
资料来源：http://www.bridgepix.com/

图2.22 蓝色的桥身与天空呼应，（英）
约克
资料来源：http://www.bridgepix.com/

的本身是形成这一要素的根本[1]。人行桥空间是一个被通过（walked through）和被穿越（traversed）的体验过程，人在桥上四处走动、变换位置，人行桥的空间体验通过运动中的秩序感受获得。人行桥不但给予人以行动的自由，更多地是给予人以想象的自由甚至是美学与诗意的追求，这种空间秩序同样是创造与体验的结果。空间的秩序变化是形成空间感的重要诱因，人们对秩序的感受主要通过造型与色彩的节奏与韵律、对称与均衡等变化来获得。

1. Bryan Lawson. *Design in Mind*[M]. Architectural Press, 1994: 32.

　　节奏与韵律是指由于有规律的重复出现或有秩序的变化，激发起人们的美感联想。人们创造的这种具有条理性、重复性和连续性为特征的美称为韵律美，节奏和韵律在连续的形式中常会体现同小变大，由长变短的一种秩序性的规律。在设计中常见的处理方法是在一个面积上做渐增或渐减的变化，并使其变化有一定的秩序和比率，所以节奏、韵律与比例就产生了一定的关联。节奏与韵律是一种周期性的律动，有规律的重复和有组织的变化现象，是艺术造型中求得整体统一和变化的有效手段。运用某些造型要素作规律的变化或有规律的重复，如造型中的形体、线型、色彩、肌理、方向、大小等有规律的变化或有规律的重复，就会在空间产生一种美的节奏与韵律，取得造型上的联系与呼应，获得造型整体和谐一致的效果 [图2.25]。

| 图2.23 |
| 图2.24 |

图2.23 白色的膨胀感强化了哈潘尼桥的形象，（爱尔兰）都柏林，1816 年
资料来源：*Bridge Engineering*

图2.24 古根海姆博物馆的必经之路圣母祷词桥（Puente de la Salve），鲜艳醒目的色彩让"门"的概念一跃而出
资料来源：作者自摄

 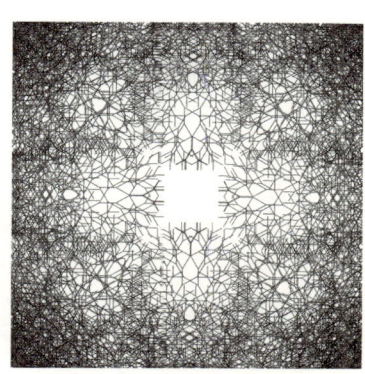

图2.25 基本单元按照一定的规律重复排列，形成具有画面感的图形
资料来源：*New Graphic*

节奏与韵律是密不可分的统一体，人行桥空间的节奏与韵律是通过体量的区分，色质的分布，空间虚实的交替，构件的疏密、长短排列，曲柔、刚直的穿插等变化来实现的。荷兰阿姆斯特丹的红色曲桥（Borneo Sporenburg Bridge）[1]，连接 Borneo 和 Sporeburg 两个半岛，斜向交叉的桁架不仅构成桥梁主体，同时是桥面的护栏，红色的梁架连续地重复排列，形成简洁统一、连续流畅的美感，高低起伏的曲线使得它分外妖娆。桥上的路灯造型仿佛是办公桌上常见的便签夹，昂然有力，以统一的形象平行于梁架排列，整体划一的连续律动凸显了桥梁的动势。T形交叉的钢铁交织出柔软的曲线外观。该桥不仅受到当地居民的称赞，也获得了 2002 年"最佳人行桥设计"的称号 [图2.26] [图2.27] [图2.28]。

对称，是建筑的永恒主题，是自然界的普遍规律。彼得·柯林斯说得好，"从有机的躯体来看，一目了然，自然界是有意对称的"。对称往往与均衡联在一起。在视觉艺术中，以均衡中心作为中心点，就能感到均衡中心的左右两侧的吸引力相当，在均衡中心给予某种强调，当眼睛能满意地停留在均衡中心的瞬间，就能产生健康与平静的均衡感 [2]。对称是均衡的天然格局，在对称的情况下，在对称轴的两侧，彼此相当的对称必然导致均衡。尤其在早期的人行桥空间创作中，由于建造技术和手段的限制，往往采用易于建造、结构受力相对简单的对称形式，无论是在东方还是西方，国内还是国外，都能看到许多遵循对称原则的人行桥 [图2.29] [图2.30] [图2.31]。

人行桥的空间创作中还经常采用不对称但又均衡的做法，也就是常说的广义对称：采用杠杆平衡原理，当一侧小体量安排在离中心轴远

1. Matthias Breithack, Sabina Marreiros. *Amsterdam: Architecture & Design*[M]. Te Neues Publishing Company, 2004: 15.
2. （英）西蒙·贝尔.景观的视觉设计要素 [M]. 王文彤译.北京：中国建筑工业出版社，2004: 83.

图 2.26
图 2.27
图 2.28

图 2.26 Borneo Sporenburg Bridge，阿姆斯特丹，由 WEST8 设计
资料来源：
Amsterdam: Architecture & Design

图 2.27 连续的造型要素按一定的规律或秩序进行微差变化，可以增加造型主体的生动性、趣味性，有助于取得整体和谐美，Humber River Bridge，Toronto，由 Montgomery Sisam Architects 设计，1993 年
资料来源：*Advantage Steel*. 1996, (6)

图 2.28 运用各种形式要素作有规律的纵横交错、相互穿插等，形成虚实、进退、明暗相间、色彩富于变化的韵律感，Randstadrail Tube，（荷）鹿特丹，由 Zwarts & Jansma Architecten 设计
资料来源：http://www.zwarts.jansma.nl/

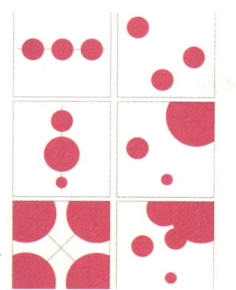

图2.29 相同元素间的对称与非对称
资料来源：*New Basic Graphic*

图2.30 纵断面严格对称的人行桥，
（奥地利）因斯布鲁克
资料来源：作者自摄

图2.3 横断面严格对称的人行桥，
（日）琴平
资料来源：www.wikipedia.org

距离处，与另一侧大体量安排在离中心轴近距离处，造成两侧对中心轴的均衡感。广义的对称可以理解为适配现象，即通过两种"相当"事物的相互完结获取一种结构完美的整体[1]。悉尼韦伯桥（原名为"Webb Bridge"，因其形似蜘蛛网，故又称"蛛网桥"）就是采用这种做法使人行桥灵活多变而更具有诗意。从视觉心理的角度看，较实的"蛛网"具有重的质感，另一端较虚的"圈网"具有轻的质感，于是密而实的"蛛网"与疏而虚的"圈网"形成协调的均衡感[图2.32][图2.33]。

给人行桥施以统一的变化，则会显现出反对称的效果，在视觉艺术上同样会产生富于变化的个性。反对称指的是在对称轴两侧等距离处，两个物体大小相等，但一个朝上，一个朝下；如果等距离处有两条竖向而同样长度的线段，一条在对应点的上部，另一条则在对应点的下部，叫作两条线段的反对称。人行桥空间最典型的反对称代表是"九曲桥"，它的反对称布局引发视觉连续的秩序变化，是一种富于联想的人行桥空间创作手法，可以看作是当前流行的人行桥曲线造型的原型[图2.34][图2.35]。

图2.32 造型奇特的韦伯桥，（澳）墨尔本，2004年，由澳大利亚DCM设计事务所设计
资料来源：
http://www.dentoncorkermarshall.com/

1.（美）鲁道夫·阿恩海姆. 视觉思维——审美直觉心理学[M]. 滕守尧译. 成都：四川人民出版社, 2007: 78-86.

| 图2.33 |
| 图2.34 |
| 图2.35 |

图2.33 密与疏的对比中透出均衡感
资料来源：
http://www.dentoncorkermarshall.com/

图2.34 上海城隍庙的九曲桥
资料来源：作者自摄

图2.35 反对称的人行桥，（西）巴伦
西亚，BioParc 动物园
资料来源：Valencia

人们对许多事物都有比较的想法，如美与丑、善于恶、大与小等，显示了我们日常生活中最常见的对比原则。在人行桥空间造型中，对比的目的在于打破单调，烘托重点和高潮。手法上有造型对比、色彩对比、质感肌理对比等。虽然对比含有类似矛盾的现象，然而此种矛盾能够表达审美要求，对比就是从矛盾中求得良好秩序感的重要手段。调和是恰当处理对比矛盾的结果，当几种事物混合在一起，彼此间的冲突得以良好解决。通过明确各部分间的主与次，支配与从属或者等级秩序，在视觉上形成造型调和、色彩调和和材质调和。对比与调和是相辅相成的。对比，可使得造型生动，个性鲜明，避免平淡；调和，可使得造型柔和而亲切，避免生硬杂乱。但是，只有对比没有调和，造型会产生生硬杂乱的感觉；而只有调和没有对比，形体会显得平淡、呆板。

在人行桥的空间设计中，设计师根据创作目的的不同，会有不同的侧重点，达到预期的视觉和心理效果。为了使重点突出、形象生动、主次分明，常常采用对比的手法，如形体的大小、形状、线性，色彩的冷暖、明暗，材质的粗糙、光滑等。对比可以使造型生动，避免平庸，而调和又会使形象柔和而亲切。无论是节奏与韵律、对称与均衡，还是对比与调和，将人行桥空间中不同的组成单元统一地结合在一起，构成和谐统一的整体形象，才是强调秩序的关键。在人行桥设计中，注意妥善处理各组成部分的"形"、"色"、"质"，使之生动协调，以便获得统一的视觉效果 [图2.36]。

2.3.5 光影

在艺术创作中，光是一个永恒的主题，在讨论光的同时，也不应忽略阴影的意义。立体派绘画作品中，光与影不再是无关紧要的附属物，而成为艺术创作表现的主体要素。神奇的光线与阴影对于空间的塑造非常重要，安藤忠雄曾经说过："空间是捕捉光线的容器"。光与影对于体验空间和营造空间有着特殊的意义。在莫奈的两幅关于人行桥的作品中，各种冷暖的色块与笔触在深思熟虑中被组合进画面，画面中的人行桥洋溢着绚丽的色彩 [图2.37] [图2.38] [图2.39] [图2.40]。

光与影不仅仅是画家的专利，在勾勒空间形态变化中，光与影同样是设计师丰富空间界面复杂性的工具 [1]。通过精心设计的光影效果，强化

1.（美）马赛·布鲁尔. 阳光与阴影 [M]. 钟英光译. 台北：台隆书店，1984:95.

图2.36	
图2.37	图2.38
	图2.39

图2.36 斯图加特 LBBW 银行办公楼一处入口，通过色彩对比营造出优雅而统一的秩序感
资料来源：作者自摄

图2.37 阿尔让特伊大桥，莫奈
资料来源：
Paintings in the Musee d'Orsay

图2.38 日本桥（Water Lily Pond），莫奈
资料来源：
The Magical Garden of Claude Monet

图2.39 投射的阴影，威尼斯总督府内的光影效果，外立面的窗格影子投射到地面，形成一种空间的层次感
资料来源：作者自摄

图 2.40 Rector St Bridge，纽约，曼哈顿
资料来源：作者自摄

人行桥与环境以及桥上各要素间的共生关系，如同莫奈画中萃取大自然精华的色彩一般，结构的空间意义也在升华。位于曼哈顿下城的莱克特街天桥 (Rector St. Bridge, Manhattan)，由 SHOP 设计，参差的金属长条覆裹着桥体的外表，光线从不完全封闭的外壳中投射到内部，营造出一种虚幻的悬念，同时窗外的景物又透过"窗口"依稀可见，在室内与室外之间，蒙上一层虚幻与现实交错的景象。

选择性光影指的是在特定的空间区域或要素上给予完全照明，其他区域保持半暗或全暗的光影效果。我们熟知的最典型的选择性光影就是舞台照明，光线明确地照射在界定区域，强调关键性情节或人物。同样地，在人行桥空间设计中，为了体现恰当的空间层次关系，运用选择性的光影设

图2.41 2004年威尼斯设计双年展
资料来源: *La Biennale di Venezia 2004*

计，来强化空间中的造型和结构，从而制造所需的情调和气氛，突出空间主体。如2004年威尼斯设计双年展中的一个作品主题是"蜕变"，利用封闭的人行桥内神秘的光线，展现城市发展和城市肌理的变化过程 [图2.41]。

　　剪影式光影是一种凸显和强调主体与环境间图底关系的空间处理手法。这种光影手法在人行桥设计中最常见的就是利用桥上的灯光照明在夜间制造气氛。格雷湖（Gray's Lake）上的这座步行桥，白天看起来非常普通，此类的公园人行步道在许多公园内都能见到，但是每当夜幕降临，又是另一番景致：五彩的光线相互交叉投影在人行步道上，每当经过的时候，仿佛是踏着彩虹的阶梯一般；不仅如此，长长的光带在湖面上反射出一条彩虹光带，夜间的沉寂被打破，神秘的光带创作了一个有趣的视觉景象，湖与桥相映成趣 [图2.42]。

图2.42 色彩斑斓的格雷湖桥，（美）
得梅因
资料来源：作者自摄

3 个体体验的范式
Footbridge as Individual Experience Paradigm

> 通过自己的五官来体验其空间，这一点比什么都重要……所谓"旅行"就是离开日常的惰性生活，进行有深度的思考过程，是与自己进行"对话"交流的过程……在内与外、西方与东方、局部与整体、历史与现在、艺术与现实、过去与未来、抽象与具象、单纯性与复杂性两极之间，渗入自己的意志而升华……人体验生活、感知传统的要素是在不知不觉中成为自己身体的一部分。
>
> ——安藤忠雄[1]

　　人类通过体验来感知空间秩序，通过体验将自己与聚集空间、社会环境相连接，当这种时空关系是和谐的，那么这种体验也是令人愉快的，同时产生了一种美[2]。所谓"和谐的时空关系"解释了生活的深层结构，来源于人类对环境空间的体验，并能够被使用者感知。人们将把更多的时间用于各种快乐的休闲活动，以便从各种不同的体验中再造自我[3]。令人愉悦的、充满感染力的空间体验是当代社会的一项基本需求。

　　人行桥与艺术品的体验方式不同。在传统艺术中，人们在美术馆的玻璃柜中欣赏艺术品，声音、气味和触摸等其他体验方式被排除在外。尽管这些方式从某种意义上来说重塑了艺术品的高雅之感，但另一方面却也拉开了观者与被观者之间的距离，割裂了艺术品与现实生活的状态。人行桥与车行桥的体验方式也不同。车行桥上，人与桥之间始终以车为媒介，无论火车还是汽车，人对桥的体验会以车为参照，不知不觉中影响体验的真实感。

　　人行桥的体验方式类似于建筑——人们会用凝视的方式去体验一座有着悠久历史的古代人行桥，也会以一种旅游者的探奇的心态去体验新奇趣味的人行桥。在日常生活中，所有的人行桥必然要被使用，而使用者也就自然而然地参与了人行桥价值的塑造。

1.（日）安藤忠雄．安藤忠雄论建筑 [M].白林译．北京：中国建筑工业出版社，2003:9.

2.（美）约翰·O·西蒙兹．景观设计学——场地规划与设计手册 [M].俞孔坚等译．北京：中国建筑工业出版社，2000: 384.

3. 毛雅林，董鸿扬．构建生活美——中外城市生活方式比较 [M].南京：东南大学出版社，2003: 96.

3.1 空间的理解

　　无论身处乡村或是城市，当人们经过一座桥时，是简易的木质小桥或是钢筋混凝土的"巨人"，人行桥总能迅速地从周围景观中脱颖而出，并且能在人们的记忆中得到追述和解释。中国民间有句俗语，"我走过的桥，比你走过的路都多"，一方面，我们可以理解为老辈们在向小辈们炫耀自己丰富的人生阅历；另一方面，这里的"桥"显然已经脱离了地理学上的空间概念，继而成为一种社会层面的抽象概念。因此，对于人行桥空间的理解当然不能仅仅从结构的物理形态方面考虑，如何多维度地对人行桥的空间进行认识是本章的重点：应该如何理解桥梁所构成的空间？如何理解和把握人行桥的空间变化？如何理解桥与个体或群体之间的关系？如何理解人行桥空间的变化对我们生活的影响或生活的变化对人行桥空间的影响？在诸多的变化中，如何触发和获得人们所希望的变化，并将它转化成积极的人行桥空间？

　　要回答上述问题，首先涉及的就是对空间的理解和定义问题，因为对空间定义的不同会得出完全不同的解答。例如当人们将人行桥空间看作是各种人造物的空间组合时，所侧重的就是"人行桥空间"这种人造环境与自然环境的区别和关系的研究。如果将空间看作是个体和群体在地理上的空间分配，实际上即是将人行桥空间看作是联系社会关系的场所，那么所要重点研究的就是主体的人与建成环境的关系。因此，在对所提出的问题进行讨论之前对什么是空间、人行桥空间与其他建成空间的区别等一系列问题进行梳理显得极为必要。由于人行桥空间只是人类建成空间的类属形式之一，因此要理解人行桥空间或人行桥空间的特殊性，就必须以更为基本的空间概念为基础。

3.1.1 概念的空间

　　在日常生活中，人们对空间似乎有着约定俗成的共识，因此在使用时无需重新进行定义。在许多学科的研究中，空间也常常是被关注的对象，甚至是许多学科研究的核心问题。

　　早在16世纪，当笛卡尔把整个自然界成功地转化为运动中的简单物质，把质量完全变成数量时，他向人们宣称，对于整个世界而言，最重要的除了时间就是空间。他说："给我物质和运动，我将造出这个世界[1]。"

　　随着时代和科学的发展，人们对"空间"一词的研究和运用大多集

---

1. (荷) 斯宾诺莎 . 笛卡尔哲学原理 [M]. 王荫庭等译 . 北京：商务印书馆，2007.

中在严格的几何学意义上，地理学、城市规划、建筑学等学科都存在着这种现象。它们基于自身的学科框架，对空间都做出了不同的解释，形成各种不同的空间概念，虽然这些概念常常得益于哲学、心理学、社会学等社会和人文学科的研究成果，但大都仍以数学和物理现象以及它们的基本假定为基础而展开研究 [图3.1]。

现代认识论的兴起，使人们更确信空间的状态是一种"精神的事物"或"精神的场所"。随后这一思想在哲学家、作家以及语言学家的疯狂运用中得以传播。在他们思维的逻辑和所形成的理论中再也找不到笛卡儿哲学的影子，"精神空间"似乎是没有任何限制，也没有进行过清晰定义的概念，它根据具体的使用者或读者而发生变化。"精神空间"可能暗示的是逻辑联系、实践的一致性、自我规范、部分与全体的关系、容器的逻辑相对内容等等。因此我们也就不断听到这样或那样的空间，例如文学空间、意识形态空间、梦的空间以及心理分析拓扑学等，"福柯甚至坚信知识也是一种空间，因为在话语中，主体占据某一位置而谈论所涉及的客体。"[1] 最终的结果是这种"精神空间"以一种不可避免的循环方式变成了一种理论实践的场所，而这种理论实践又是与社会实践相分离的。

实际上，从建筑和城市学科的发展历史来看，空间是一个既古老、又现代的概念。说其古老，是因为早在远古时期，人类的祖先就懂得了如何利用自然界所形成的各种自然空间遮风避雨和抵御毒虫猛兽的袭击。设想一个石器时代的人迫于寒冷、风雨或躲避猛兽，模仿动物或凭直觉与理智的融合产生的灵感跑到山洞之内，借助日光或火光查看庇护他的洞穴时，他注意到洞顶的宏伟，并把它理解为外部空间的界线，它与外界风雨隔绝，并且成为内部空间的起始。老子在《道德经》中也曾有过"有之以为利，无之以为用"的论述。说其现代，是因为在 20 世纪之前，以空间为主体活动对象的建筑界和结构界几乎没有对空间概念进行过讨论。直到 20 世纪 20 年代，被感觉的空间才与组合概念相结合，形成了可以用公制对其进行划分的、三维的连续体概念。自此，空间在整体上被看作是一种能够用各种方式塑造的统一的扩展的质料，建筑学的历史也被看成了空间概念的发展史，空间也逐渐成了建构的主体 [图3.2] [图3.3]。

在近几十年的发展过程中，"空间"一词又逐渐演变成一个颇具争议的术语。法国建筑师屈米就曾提醒过人们，对空间的定义存在着两种趋向[2]：一种是建筑和艺术所关注的空间，它力争使其自身具有与众不同

1. Henri Lefebvre. *The Production of Space*[M]. Wiley-Blackwell, 1992:4.
2. Bernard Tschumi. *Architecture and Disjunction*[M]. The MIT Press, 1996:63.

图3.1 意大利托伦多山区某处人行桥
资料来源：作者自摄

图3.2 皮拉内西描绘的中世纪监狱内迷宫似的空间
资料来源：
Piranesi: The Complete Etchings

图3.3 毕加索的《格尔尼卡》无疑是人类"精神空间"的最佳诠释，不同时空中片段的组合（Guernica, 1937 年）
资料来源：*Guernica and Total War*

的个性；另一种是哲学、数学和物理学等学科所关注的空间，它试图阐明其研究的对象具有精确的特性。

3.1.2 感官的空间

纵观人类发展的历史，从概念和理性出发，运用几何学的方式对空间所进行的转化占据了主要篇章。尤其是 20 世纪 20 年代后，建筑学领域的现代主义运动将这一思想推向了极致，致使概念成为设计的唯一起点，卢浮宫金字塔正是这种理性范式的代表。约翰逊甚至提出"建筑就是一门如何浪费空间的学科"的口号。为了进一步阐明空间的特性，建筑和结构设计成为为了阐明空间特性的一种纯概念的、理论性的思考，成为一种阐述空间或空间组合的知识系统。具有前卫精神的建筑师正是在这种理论性的实践中如鱼得水，并逐渐通过非物质性的建构对空间进行转化，使人确信思想实践比社会实践更具意义，更具超越性 [图3.4]。

然而，不应当忽视的是，人们对空间的认识还存在另外一种方式——感官。空间的感官认识强调人对空间的体验是纯感官的，包含移动的概念，认为移动会产生不断变化的意象，并且对空间的感知会因为移动而发生转变。在 20 世纪 60 年代，在舒尔茨（Norberg Schulz）的《存在·空间·建筑》与《场所精神》提出"场所精神"[1] 概念之前，中国传统的空间思想中对空间的体验和感受就已经有了很深刻的认识。最能体现中国传统空间理念的莫过于中国园林，以苏州园林为例，总体上以山水为主体，曲径为线索导引，舫、轩、亭为点缀，通过框景、隔景、透景、借景等艺术表现手法，使整个园林布置中园中有园、景中有景、峰回路转、曲折幽深、含蓄深邃、韵味十足，树影与白墙、亭角与树梢，形成静与动、点与线、面与空间的张力，此与彼、时间与空间在不自主间融合，是人与自然无意识的深度体验 [图3.5] [图3.6]。

图3.4 卢浮宫金字塔表现现代建筑
对几何空间的迷恋
资料来源：www.flickr.com

1.（挪威）诺伯·舒茨. 场所精神——迈向建筑现象学 [M]. 施植明译. 台北：田园城市文化事业有限公司，1995:4.

图 3.5

图 3.6

图3.5 日本"枯山水"对意境的追求可以看出源自中国园林的影响
资料来源：《日本园林》

图3.6 苏州园林空间体验中最常见的"框景"
资料来源：作者自摄

    法国建筑师屈米认为，空间是一种真实存在，空间影响着人们的感知[1]。因此，人与空间发生联系的唯一方式是借助感官的帮助，对空间进行直接体验。在空间体验方面最负盛名的莫过于舒尔茨，在《存在·空间·建筑》与《场所精神》中，他将空间作为一种现象来理解，肯定了空间与人的社会性之间的关联[2]。舒尔茨的"场所精神"侧重从使用者角度阐述空间存在的向度，将空间的要素及其背后隐藏的意义与人文精神作为一个整体去体验。舒尔茨的追随者埃文森（Thomas Evensen）在《建筑原型》中，从构成空间的要素——地面、墙体、色彩等空间词汇，再次诠释了空间体验的重要性。舒尔茨及其追随者尊崇的"场所精神"、"存在空间"是一种集体无意识的体验结果，侧重关注生活空间中建立的场所感和秩序感，但是对于场所感和秩序感对应的形式语言是什么，舒尔茨却没有正面回答[3][图3.7]。

1. Bernard Tschumi. *Architecture and Disjunction*[M]. The MIT Press, 1996:63-101.
2.（挪威）诺伯格·舒尔茨. *存在·空间·建筑* [M]. 尹培桐译. 北京：中国建筑工业出版社，1990:14.
3. 同上。

图3.7 为了延续两端公园的绿色景致，芝加哥跨线人行桥均布置有植物装饰
资料来源：作者自摄

　　体验是人类感知空间，从而建立场所感的有效途径，我们通过感官将这种体验与聚居环境空间相联系，因此，感官的体验是人类认知环境空间、建立人与环境关系的唯一途径。忽略感官体验意味着割裂人与环境空间之间的联系纽带。事实上，这也是人行桥不同于其他类型的桥梁空间的区别所在。车行桥的线型总是出于经济效益的考虑，往往选取两端跨越的最短距离，人行桥显然具有更高的自由度，如活动桥、折叠桥、曲线桥等，不同类型的造型带来的空间体验才是人们期望的。不同于车行桥和铁路桥，人行桥空间的直接体验者是有着丰富情感的人，人行桥的造型、材质、曲线、细节等要素，都能引起通行者的内心变化，引发情感的共鸣 [图3.8]。

3.1.3 抽象的空间

　　建筑理论家阿兰·柯尔柯亨（Alan Colquhoun）在对空间进行定义时

图3.8 雾中的布拉格查理桥
资料来源：
http://www.nationalgeographic.com/

使用了另外两种概念：社会空间和建成空间[1]。社会空间指的是社会结构所具有的空间含义，它隶属社会学和地理学研究的范畴。例如社会学的分支之一——人文生态学，研究的是人和社会机构在地理空间上分布、形成过程以及随时间变化的状况和规律。社会空间趋向将建成环境的物质特性看作是某一社会的附属现象。建成空间或建成环境的焦点则是物质空间，它隶属建筑学和城市设计的范畴，侧重的是环境的形态要素、环境的使用方式、人对环境的感知方式以及环境所具有的各种意义。

阿兰·柯尔柯亨认为："无论什么样的城市空间，都要屈从于形式和功能相互作用的两种形式：一种是形式与功能各自独立，即空间形式与其社会功能相对独立；另一种是形式追随功能，即空间形式是社会功能的附属物，由社会功能所决定。"[2] 这种思想与地理学和社会学的概念更接近。柯尔柯亨认为，物质空间和社会空间之间的传统区别完全依赖于社会功能所起的作用。

将空间的属性归属为物质空间和社会空间对于人行桥研究非常有意义，一方面，这种归属肯定了人行桥作为客观空间实体的基本物理事实；另一方面，在空间实体界面之外，文化因素、社会因素也是研究人行桥空间不可或缺的关键环节。归根结底就是，人行桥的空间解读应该在研究建构形体的同时，整体把握空间及其围合界面的关系，其中还包括隐藏其背后的深层次的人文精神。

既然已经认识到人行桥不仅是单纯意义上的空间概念，下面就需要来研究讨论人行桥结构空间背后的隐形含义，而空间体验感无疑是人行桥区别于其他桥梁结构空间的最佳途径。人行桥的空间体验感主要体现在两个层面：其一，场景体验，与其他车行桥或是多功能桥梁结构相比，人行桥是最贴近生活场景的桥梁结构；其二，人行桥的空间体验不仅包括人与桥的空间存在关系，还包括桥与景的空间序列结构。

3.2 个体的体验

体验，即是"以身体之，以心验之。"体验是个体对所处关联域的独特感受，与个体所处的客观环境以及个体自身的文化修养、风俗习惯、

---

1. Alan Colquhoun. *Essays in Architectural Criticism: Modern Architecure and Historical Change*[M]. The MIT Press, 1985:9-42.
2. 同上。

精神面貌有关。体验不是蜻蜓点水似的肤浅感受，而是发自心底的全身心参与、感受、升华[1]。弗洛伊德认为，体验是一种瞬间的幻想，是对过去的回忆——对过去曾经实现的东西的追忆；也是对现在的感受——早年储存下来的意象显现；是对未来的期待——以回忆为原型的瞻望未来、创造美景，通过瞬间幻想来唤回过去的乐境。亚伯拉罕·马斯洛（Abraham H. Maslow）认为体验是体验"人"与体验客体"存在世界"（对象、环境、自我）之间同一性关系的瞬间生成及其存在价值的终极境界。由此可见，体验是由外部行为与内部行为（心理活动）共同作用来实现的[2]。

3.2.1 身体的运动

梅洛·庞蒂（Maurece Merleau-Ponty）对体验的讨论从"看"开始，到"身体的运动"终结。他对传统的视觉认知方式提出一个问题："视觉如何从某处发生，而又不包含在视觉角度中[3]？"即人们总是关注视觉对象而忽视了知觉本身。庞蒂认为身体是一个能思维的生命体，思想是一个有肉体的心灵。在讨论体验的时候，身体的回归也就排斥了纯粹意识，"意识不再是直接'在场'，它隐退台后，必须与身体密切结合才有'出场'机会[4]"。庞蒂用身体取代了意识。在身体主体性中完成心灵、身体的融合，心灵与身体不再是两个相互独立的实体，而是统一于"活的身体"中。运动作为自然界普遍存在的现象，自然世界中的事物、生命的尺度都和运动相关，因此运动成为体验的中心。空间的观念来自彼此间的身体运动，时间的观念来自于天体运动的周期观察。人通过身体认识世界，"身体是世界上存在的媒介物，拥有一个身体，对一个生物来说就是介入一个确定的环境，参与某些计划和继续置身其中[5]"。

在不自觉中借助身体处境来理解和把握空间，身体在任何时候都能为我们提供与事物的联系。身体可以在任何需要的时候移动它，我们通过身体进入空间，然而身体又远不止工具或手段那么简单，它是我们在世界中的表达，是意向的可见形式。任何人类情感的活动都是维系于身体的物质基础，通过身体形成最直接的体验，正如庄子在庖丁解牛中提到"以神遇而不以目视，官知止而神欲行[6]"。

---

1. 李泽厚. 美的历程 [M]. 北京：生活·读书·新知三联书店.
2. （美）弗兰克·戈布尔. 第三思潮：马洛斯心理学 [M]. 吕明，陈红雯译. 上海：上海译文出版社，1987:61-63.
3. Merleau-Ponty. *The Primacy of Perception and other Essays on Phenomenological Psychology*[M]. London: Routledge and Kegan Paul, 1962:99.
4. 杨大春. 意识哲学解体的身体间性之维 [J]. 哲学研究，2003(11):71,116.
5. 同上.
6. 《庄子·养生主》

从身体的运动角度来审视空间，会对空间有完全不同的体验。在传统方式中，我们以观看的方式欣赏绘画，通过构筑作品与观者间的距离成为体验的全部。绘画从物质现实世界中游离出来，成为某种冥想，或者说冥想使作品成为艺术。因为传统观念往往将艺术作品束之高阁，排斥触摸、嗅觉等一切直接接触行为，在某种程度上削弱了其艺术性。这也是为何现代艺术打破旧有习俗，走下神坛，走向大众，渴望变革的根本原因。比较而言，建筑结构空间的体验需要其他感官的介入，即需要身体的介入。观者和使用者的介入是建筑体验的使命，在人与空间的对话中，人是空间的使用者，也是空间的生产者和创造者。

3.2.2 身体的参与

景观画为我们提供了各种机会体验与环境的结合关系：观者需要与画品非常近，才能获得瓜尔迪（Francesco Guardi）和康斯坦伯（John Constable）作品中流露出的亲密性与场景的参与感；塞尚和梵高的风景画需要与观者保持较大距离；如果面对莫奈晚期的作品，可能要保证足够远的距离。

"体验设计"、"体验建筑"、"体验审美"是近年来设计界流行的新兴名词，事实上，欣赏性质的体验需要一种无利害的关注，需要摒弃实际功利的考虑，用一种静观的方式来关注对象的内在特征，这种方式类似传统的艺术欣赏，即把艺术品当作物品，而这些艺术品更像被用来收藏，而非体验，更多的是用来展示，而非欣赏。庆幸的是还有例外，在另外一些艺术博物馆，人与环境结合得相当成功，这样的环境促进了观者的身体体验。如果将艺术博物馆看作特殊的环境，主要用来吸引参观者对艺术的体验，而非对艺术的保护或研究，那么它就会成为参观者和场所相结合的环境。关于博物馆，它的指导原则是使参观者和展品出于一种积极、互动的环境关系中，鼓励观者和艺术品亲密接触，而非强加的距离和静观，艺术品和观者之间感知的联系，而非将艺术品隔绝和孤立，促进观者的亲身参与，认识到感知的影响 [图3.9] [图3.10] [图3.11] [图3.12] [图3.13] [图3.14]。

日常的观察方式可以分为观者中心格局和对象中心格局两种描述空间的方式。以定位和导航为例来分析由 A 点到 B 点，常见的方法是以身体为导向，利用地图确定行进的方向，假设自己在地图当中，将地图空间和感知空间对齐来指导自己的行为；另一种方法是身处地图之外，静态地审视空间。米歇尔·德塞都（Michel de Certeau）将前一种方式称为"游历式"叙述方式，描述了以"行进"为主导到空间感知；称后一种

图3.9	图3.10
图3.11	图3.12
图3.13	
图3.14	

图3.9　1765～1770年的三拱桥（The Three-Arched Bridge at Cannaregio）1765～1770年，Francesco Guardi 作，现藏于美国华盛顿国家美术馆
资料来源：翻拍自原作

图3.12　《雷雨前炙烤的大地》（Heat Field under Threatening Skies），梵高作，现存于阿姆斯特丹梵高美术馆
资料来源：http://www.vangoghmuseum.nl/

图3.10　《拉草车》（The Haywain），康斯坦伯作
资料来源：http://www.uncp.edu/

图3.13　静态的欣赏方式，身体五感没有完全被调动
资料来源：作者自摄

图3.11　圣维克图山，塞尚作
资料来源：Cézannes Composition: Analysis of His Form with Diagrams and Photographs of His Motifs

图3.14　身体参与感受声音
资料来源：作者自摄

方式为"地图式"的叙述空间方式，描述了以"看"为主导的空间感知。生活中两种方式往往混合使用。

人行桥不同于其他建筑空间最显著的特点就在于：人行桥上的行为是无序的，这就造成人行桥与周围环境的关系不是恒定不变的，不同的视点感受的景观序列不同，人与桥之间是互动的情景关系。对于人行桥来说，结构体本身具有极强的空间向度以及表现自身的能力，对人行桥的体验使得结构的意义超越时空。在其他大型桥梁结构设计中，桥梁首先被构思为一种运动的体验，从一端到达另一端的便捷的通道；人行桥则不然，便捷的通道是其首要但却不是最重要的职能，优秀的人行桥通过精心的构建达到视觉和心理上最大的满足。

纵观人行桥历史，赏心悦目的人行桥不在于它们几何式的规划，而是来自于本质的事实，即在人行桥的设计、建造中，人的本体需求和愿望被考虑、采纳和表达。人行桥的设计不仅需重视人与自然间和谐的空间秩序，更应关注其中的生活情节以及艺术体验。

3.3 体验场景——人行桥作为一种参与式环境

人行桥的体验场景不同于电影中的场景，而是指在一个时空序列中的某个特定的单元空间，反映在人行桥的空间体验中可以将具体的人行桥看作独立的单元体，是空间情节中的一个环节。"场景"强调了人行桥的可体验感、氛围感和事件感，主要是因为人行桥特殊的感性特征和品质，正如舒尔茨所强调的空间的文化认同性和领域感，人行桥的体验场景主要强调人行桥与空间中的生活事件、人与人行桥的情节关联。

3.3.1 特殊的体验场景

首先，人行桥特殊的空间特征强调了它必须以人的行为为前提条件，因此，人行桥容纳了各种各样的生活事件，也就有了形成场所感的可能性。生活事件与场景环境相互依存，互为条件。然而，两者并非一一对应，体验者的活动是由自己的行为决定，或在某处停留，或略过某些地方，体验者会根据自己的需求来参观，不可能由设计者控制。其次，生活事件是情节关联的基础，没有使用者的参与，就不可能理解和赏析空间所隐含的事件。人行桥是设计者营造出的与主题相关的若干生活事件的"再现"，通过那些集体的（或个人的）、自发的（或随机的）、真实的（或虚拟的）场景变换，使人行桥空间拥有了活力 [图3.15]。

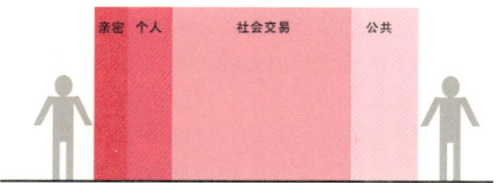

图 3.15 环境中的距离暗示
资料来源：根据《空间的语言》中
的相关叙述绘制

　　其次，现有的人行桥中常见的桥身宽度一般为 2 ～ 4m，根据布莱恩·劳森（Bryan Lawson）关于距离与社会关系的研究表明，人行桥的断面距离介于个人—社会交易范围 [1]，即在人行桥上，距离间的心理暗示说明人行桥不同于一般意义上的公共空间，因此在人行桥空间中人与人之间的空间联系要远多于其他类型的公共空间，人与人之间对空间共享的密切程度也比其他公共空间来得强烈。

　　最后，人行桥具有比其他建构形式更高的界面复杂性与矛盾性，具体表现在人行桥承载的空间与事件复杂性上。以意大利著名的水城威尼斯为例，最吸引人、最具活力的场景莫过于狭长的刚多拉（Gondola）在如网的运河和水巷中游曳，穿越无数座小桥、游览沿岸的滨水门廊。此时的人行桥已经不仅是街道的界面，同时是建筑的界面、城市的界面；它们既是建筑的一部分，也是街道的一部分，更是城市公共空间的一部分；不仅容纳了建筑的部分功能，也接纳了街道的事件、城市的生活，是上演城市事件的场所，也是事件的背景 [图3.16]。

图 3.16 当狭长的刚多拉穿越里亚尔
托桥时，谁能分清桥上的人是景，
还是船上的人是景？
资料来源：作者自摄

　　威尼斯的人行桥作为空间界面的复杂性与矛盾性集中表现为一种双重性格。连接大大小小岛屿之间的桥与其说是交通结构，更确切地说应

1.（英）布劳恩·劳森. 空间的语言 [M]. 杨青娟译. 北京：中国建筑工业出版社，2003:123.

该是公共空间界面的围合结构。由于这些桥梁不仅为桥上提供步行空间，还为桥下的行船提供空间，也就为桥梁的界面设计提供了更多的创作余地，因此桥上与桥下间、桥与街道间的界面通常有大量的图案性装饰。特别是那些铸铁烧制的格栅网组成了一个完全通透的界面，它承担了结构围护的作用，又没有拒绝周围环境的映入，最大限度地接受了围合景观。从桥下看，这些护栏不是作为背景出现，而是作为一种景致出现。它的图案题材往往来自于自然——模仿植物的藤蔓、花朵的曲线……或是模仿威尼斯哥特式的拱形窗饰。这个界面是桥梁内外空间对话的结果，是平衡作用的产物，它完全不同于现代建筑中追求轻盈通透的玻璃，因为这些图案中勾勒出一种具有强烈地域特色的人文气息——一种个体喜好与集体无意识融为一体的强烈的文化特质。

3.3.2 封闭型场景

封闭型场景指的是一种较为封闭、稳定的空间系统。其显著特征就是有特定的参与者，在此场景中发生的事件具有统一的主题性，是一种理性的情节。其场景要素和结构布局均是为发生其中的事件行为和心理体验服务 [图3.17] [图3.18]。

在封闭型场景的人行桥中，使用者被刻意地与外界阻隔开来，形成一个较为稳定的内部体系，机场航站楼、过街天桥是最常见的封闭型场景，相对密闭的"腔体"内营造高效、定向的移动氛围，如荷兰佐特尔梅（Zoetermeer, Netherlands）连接火车站与停车场之间的天桥（Nelson Mandelabrug），设计者不仅将此空间用玻璃和连续的铸铁拱顶完全封闭，铺地也由两种不同颜色和造型的材料组成，就是为了暗示特定的移动方向感。不断重复的蓝色单元体根据环境所要求的移动方向延伸着，进一步强调了特定的空间服务目的。另一处位于阿瑞乌斯河（Areuse）上的人行桥则采用了不同的处理手法，方向感的暗示由场景元素直接表明，覆裹桥体的框架将人流从入口一端引向另一端。

3.3.3 街道型场景

与封闭型相比，街道型场景属于半开放空间，作为连接彼此的缓冲和过渡，其中的活动与事件也较为随机。佛罗伦萨老桥以及威尼斯的里亚尔托桥、学院桥等，都是典型的街道型人行桥，都具备开放的城市街道特征。在街道型场景中，人行桥成为接纳城市交往的载体，吸纳了公共生活，对人们来说，在这里桥梁仅仅作为一个空间概念存在，因为桥梁已经完全融入了城市肌理，成为城市生活的一个物质载体 [图3.19] [图3.20]。

图3.17 荷兰佐特尔梅（Zoetermeer, Netherlands）火车站过街天桥
资料来源：作者自摄

图3.18 阿瑞乌斯河某处人行桥
资料来源：
Big Ideas XS Small Buildings

3.3.4 广场型场景

　　广场型人行桥在西方城市中比较常见，主要是由于西方的传统习惯将城市广场为主要城市节点的空间特色所决定。一方面，受城市传统社会生活的影响，在城市形成之初就具有朴素的市民社会特征，因此在城市布局中，常在市政、庙宇等公共建筑之前设置较为开阔的空间，作为市政机构向公民宣读政令、公告之用。另一方面则是由于商业活动的需求。原始、自发的商业活动尤其注重地点的交通可达性和对外的可视性，在道路、桥梁交汇处开辟专门用于交易的场所，也促成了广场型人行桥

图 3.19　图 3.20

图 3.19 纳入城市生活的人行桥
资料来源：
http://www.nationalgeographic.com/

图 3.20 佛罗伦萨老桥上店铺林立，
使其成为街道的一部分
资料来源：作者自摄

的出现。再者是市民的行为模式特点，以南欧地区来说，得天独厚的气候条件培育了人们热爱公共活动的习惯，宗教和文化活动也推动了城市内聚集性公共空间的发展，尤其是中世纪之后，势力强大的教会修建了大量为满足宗教活动的场所（教堂和礼拜堂）。上述这些因素的作用，催生了以广场为类型的节点在欧洲城市中的大量形成。同时，欧洲中心城市赖以生存的母亲河又为人行桥的修建提供了良好的平台，集公共性、社会性、亲水性于一体的广场型人行桥成为此后欧洲人行桥的独特类型。

广场型人行桥最主要的特点在于它是一种完全开放的复合界面，丰富的驻足和逗留空间可以引导各种随机行为和事件的发生。连续变化的趣味场景、多样的空间关联等，使得广场型人行桥更易产生亲切感，更加吸引人。

连接巴塞罗那城市中心与内港的"空桥"就是当代典型的广场型人行桥，桥体两侧没有设置保护栏杆，穿插起伏的桥面、随处可见的街头小品甚至让人怀疑它是座桥？灵活开放的交往空间与热情开放的城市精神相符，城市活力从老城区蔓延至新港，"空桥"显然是最佳的纽带。这里的广场型场景完全由特定的道具——起伏延伸的实体和不对称的平台——构成，这一场景将人流从城市的历史传统中心引入到现代的活力中心，间隔的玻璃隔墙又将城市的嘈杂屏蔽在身后，在公共空间中平添些许私密感 [图 3.21] [图 3.22]。

印第安纳波利斯海滨的总体规划定位为市民中心，建立一个开放的公共空间。原址包括沿河商业建筑、纪念碑、桥梁、防汛墙、防洪堤坝等。佐佐木事务所（Sasaki Associates）在设计过程中选择性地重新诠释了该广场的意义：以中央运河和人行桥为核心，绿地由河岸边延伸覆盖部分人行桥铺面，图腾意味的石头曲径和类似神坛的桥梁尽头处理让气氛变得端庄而严肃，呼应了广场上的纪念碑。

　　空间上，海滨广场形成了自己独有的特征。一是与城市路径结构的关系上，由于该广场位于城市路径的交汇处，使得它具有很高的可视性；二是在空间环境上，广场与旁边的影院及圆形剧场相结合；三是在空间内容上，具备了集会、休闲、娱乐等功能，同时又是展示市民精神的纪念性空间；四是在空间形式上，在注重广场平面规整性的同时，也特别强调空间界面的封闭性和完整性，为市民提供了一个内部稳定的聚集场所，人行桥上铺设草坪的处理强化了广场的空间对称以及与城市的中轴线关系 [图3.23] [图3.24]。

3.4 "彼空间" 与 "他空间"

　　如同文学作品和戏剧演出中的段落与衔接一样，城市规划和建筑设计中，往往关注的不仅仅是单个场景，而是若干个场景单元彼此间的关系，事件与事件之间，如何让元素间、场景间衔接，使得空间主题的表现更加具有感染力。然而在许多人行桥设计中，设计者过于强调造型的独特性，忽视了与周围场景元素的关系，反而适得其反，使得人行桥与环境中的其他元素不和谐，甚至是突兀的效果。上一节主要关注人行桥自身的场景空间，这一节则集中讨论人行桥作为复合环境当中的一个单元，如何与"他空间"建立联系。

　　在文学和戏剧作品中，巧妙地安排情节的变化达到引人制胜的效果是常用的一种手段，采用不同寻常的办法来改变体验历程让人期待，使原来的空间结构更加具有张力和感染力，并强化主题概念。在城市环境中也是如此，不同场景间的转换也如同戏剧一般，前一个场景的空间信息影响着使用者对此场景之后的理解，因此，变化中蕴藏的潜能营造了一种气氛。

　　关于建筑空间的关联性已经有许多相关的研究，笔者希望从景观空间的角度强调人行桥作为城市空间不可或缺的部分的重要性以及可能的途径。所谓人行桥的空间关联性不只是桥梁的外在视觉形式与城市空间的联系，而是建立在逻辑性结构关系上的内与外、彼与此的联系。不同维度与尺度下的关联可以让人联想更多意象的生活情景，这种关联性不仅依靠视觉形式，更多地是依靠可能的内在语义关联。从城市空间的艺术组织来看，这样的空间关联"会给整个景观带来生气，神秘地吸引步行者的目光"[1]，营造一种空间序列的连续感，起着承上启下的作用。

1.（英）G·卡伦. 城市景观艺术 [M]. 刘杰等译. 天津：天津大学出版社，1992:82.

图 3.21
图 3.22
图 3.23 — 图 3.24

图3.21 巴塞罗那空桥既是桥, 也是城市广场
资料来源: 作者自摄

图3.22 玻璃隔断既满足了公共空间的开敞, 也满足了个体空间的私密性要求
资料来源: 作者自摄

图3.23 绿色草坪弱化了广场概念, 分不清哪里是桥, 哪里是广场
资料来源: *Sasaki Associates: Integrated Environments*

图3.24 海滨广场的亲水平台
资料来源: *Sasaki Associates: Integrated Environments*

　　影视戏剧中，采用不同寻常的方法巧妙地安排空间，来改变体验历程提升意义，让原来的空间结构更具有张力和感染力，强化主体概念。实际生活中虽然没有像影视戏剧中对空间场景的安排那么紧缩，但是在前场景感受到的空间信息影响着体验者对后场景的理解。事实上，许多人行桥在空间场景中担当着不同的角色，为空间体验传递着不同的信息，场景的体验因为参与者在空间中的活动不同，也会相应地随之变化。不可否认的是，人行桥空间与"他空间"的关联，就是在不同场景体验变化的曲折性、趣味性和丰富性中获得的。在事件行为、交换过程以及解释过程中，场景勾勒出情节的结构，情节的变化在空间中演变为一种非视觉（如心理暗示）与视觉结构相互交织体验。

3.4.1 空间并叙

　　卡洛·斯卡帕是 20 世纪意大利最杰出的建筑师之一，有人将他比作 20 世纪建筑设计的分水岭，这是因为在他众多的设计作品中，节点的表现成为设计的灵魂 [1]；另一方面，他将蒙太奇手法作为整合异质元素的有效策略，使他的创作形成了独树一帜的个人风格。节点承载着整体与局部的连接，其表现形式可以是一种纯构造性的组合方式，也可以是一种结构层面上的构件，或者是一个大的建构元素，比如人行桥。

　　卡洛·斯卡帕在 1963 年完成的奎里尼·斯坦帕里亚基金会大楼（Fondazione Querini Stampalia）的修复与改造项目中，入口处的人行桥显得格外突出。人们通过一个轻质结构的小桥进入这个 16 世纪宫殿底层。

　　与斯卡帕设计的其他桥梁一样，这座人行桥是以支撑和跨越为主题，而人们却往往忽视这座桥最重要的特点——非对称的拱形结构。非对称的拱桥在威尼斯并不多见。多数人认为，斯卡帕刻意将桥拱设计成非对称是出于使用要求的考虑：一方面，桥身必须有足够的高度，以便刚多拉从桥下通过；另一方面，它又必须尽可能的低矮，才能避免行人在进入大楼入口时与上方的横梁相碰 [2]。这当然是一种解释，但是深知威尼斯传统的斯卡帕不会不清楚威尼斯人对于对称结构的喜爱，从著名的威尼斯窗的形制就可见一二，更何况该桥旁边紧挨着一座建于 18 世纪末的奎里尼桥 [图3.25] [图3.26] [图3.27] [图3.28]！

---

1. Bianca Albertini, Alessandra Bagnoli. *Carlo Scarpa: Architecture in Details*[M]. New York: The MIT Press, 1988:96.
2.（美）肯尼斯·弗兰姆普敦 . 建构文化研究：论 19 世纪和 20 世纪建筑中的建造诗学 [M]. 王骏阳译 . 北京：中国建筑工业出版社 , 2007: 305-327.

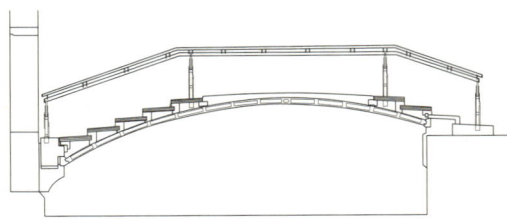

　　显然，非对称是斯卡帕在此刻意营造的效果，将原本两个时空出现的场景同时并置在同一时空中。斯卡帕为基金会大楼设计了两套不同的入口恰好印证了这一点。与坐落在石墩上的轻质拱桥形成鲜明对比的是，斯卡帕将整个建筑设计成一个整体的混凝土托盘，托盘与原来的墙体分离，不仅具有承载四季潮汐变化的实用功能，而且又体现了某种意义再现。将浅色混凝土通道的一部分铺设地砖，在两个层面体现了威尼斯的传统：一方面，让潮汐的海水进入建筑内部成为可能；另一方面，将原来的门廊作为刚多拉到达建筑时的入口。尽管这个入口的功能已经退化，但其仪式性却非常强烈。两个不同时期、不同类型的入口相辅相成，一个由精巧构件组合而成的拱桥入口，供人们从城市广场进入建筑，另一个相对正式的水路入口，则提醒着人们进入这座宫殿的最初方式。在新与旧的对比中，人行桥的非对称成为一种省略性的建构过渡，在拓展人们的跨越体验的同时，又削弱了这种体验。正如玛利亚•安东尼埃塔•柯里帕（Maria Antonietta Crippa）所言，整个入口序列将一种新旧建筑的三维嫁接栩栩如生地呈现在人们眼前 [1]。

| 图3.25 | 图3.26 |
| 图3.27 | 图3.28 |

图3.25 奎里尼•斯坦帕里亚基金会大楼人行桥立面（Ponte Privato Fond. Sc.Querini Stempalia）
资料来源：*Querini Stampalia Foundation (Architecture in Detail)*

图3.26 建于18世纪末的奎里尼桥（Ponte Querini）
资料来源：作者自摄

图3.27 奎里尼•斯坦帕里亚基金会大楼人行桥及其周围环境
资料来源：作者自摄

图3.28 奎里尼•斯坦帕里亚基金会大楼的两处入口
资料来源：作者自摄

3.4.2 空间插叙

　　一个异质性事件场景插入一系列同质事件场景中，激活原有的空间

---

1. Maria Antonietta Crippa. *Carlo Scarpa: Il Pensiero, il desegno, I progetti*[M]. Jaca Book, 1984: 18.

体系，创造一种情节的偶然性。人行桥在空间插叙中往往表现为插入体，
如连接两幢建筑间的天桥，在公共的外部空间内插入一个相对私密的空
间，或者是在私密空间内注入和接纳公共生活事件 [图3.29]。

　　瑞士建筑师马里奥·博塔（Mario Botta）为意大利罗夫莱托与特兰
托现代艺术博物馆设计了一个相当有意思的入口。入口的主角就是由一
座看似与博物馆主体建筑风格不是十分协调的人行桥引导。这座博物馆
本身并没有完全与街道隔绝，事实上，博物馆的入口完全开放、延伸至
城市的交通主干道，然而黑色的人行桥与博物馆主体的米白色有效的对
比宣告着此处是城市公共开放空间的终结。在连续的城市公共空间中插
入一个异质的室内空间，将城市的喧嚣隔绝在人行桥的一侧，这个场景
的变化不仅是生理和心理的体验变化，还隐含着情节的变化——公共与
半公共事件与活动的区分 [图 3.30] [图 3.31]。

　　博塔将人行桥作为丰富空间情节的元素远不止入口一处。在博物馆
内部，桥成了反复出现的要素，桥成为引导游人参观的暗示和线索。馆
内的参观体验是设计师创造的一种时空体验，而桥就是用来引导秩序，
鼓励人们参与其中的工具。博塔有意地将桥与墙的功能模糊，使其更具

图3.29 罗夫莱托与特兰托现代艺术
博物馆主入口
资料来源：作者自摄

图3.30 博物馆的入口完全开放，延
伸至城市的交通主干道
资料来源：作者自摄

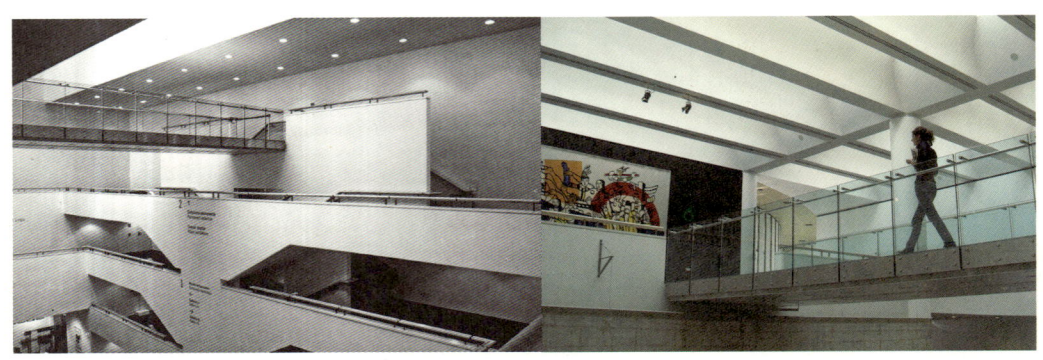

抽象性和不确定性，桥与墙的波折联结形成了一种相互交叉的空间网络。整个空间体验中就形成了许多重要的事件活动场所，时间的循环在空间体验中不断扩展和升华。

图3.31 博物馆室内的墙与桥起着同样重要的空间引导作用，创造了一种循环的时空序列
资料来源：作者自摄

3.4.3 空间断叙

空间断叙就是把一个原本完整的实体空间刻意切断，生成两个空间，形成时空张力，例如安藤忠雄设计的姬路文学馆（Himeji City Museum of Literature, Hyogo, Japan），将一个平台从室内空间中伸出，在室外的水面上戛然而止 [图3.32] [图3.33]。

电影艺术中有一种剪辑手法，将一系列经过严格选择过的场景压缩为两三个图景，此类跳跃式剪切手法在人行桥上也有表现。卡洛·斯卡帕在意大利维罗纳斯卡拉城堡（Casta Della Scala）的改造中利用空间的跳跃实现了时间维度的转换。城堡中最重要的雕塑——Cangrande 一世的骑马雕像——以一种意想不到的方式出现。这个重要的雕塑原本是室内展示的一部分，但是斯卡帕却创造性地将它置于室外。城堡与小桥的"断裂"突显了主题，与之呼应的是开裂的屋顶以及斑驳的墙面。参观者的人行桥与展览雕塑的"未完成桥"形成的鲜明对比，不仅体现在空间位置的不同上，"完成"与"未完成"的对比将空间序列打断，让空间高潮成为空间序列的结尾，除去中间层次，一种惊奇以及惊奇之余的心理联想油然而生，于是历史的存在感通过空间的断叙得到强化，更深一层的特性便显露出来 [图3.34]。

3.4.4 空间倒叙

倒叙是电影艺术中常用的叙事手法，将原本应该出现在后面的场景提前，或是将正常叙述顺序打乱，把本应该在此时出现的场景推迟到后面。

图3.32

图3.33

图3.32 姬路文学馆
资料来源: *Tadao Ando*

图3.33 在一些"类桥空间"中, 断
叙是常用的手法
资料来源:
1000 × Landscape Architecture

早在萨伏伊别墅中, 柯布西耶利用建筑中心位置的坡道将人流引入二层空间, 否定了一般意义上的入口和底层空间就是一种非常彻底的空间倒叙。坡道就在此担当了颠倒空间秩序的道具 [图3.35]。

在施莱希 (Schlaich Bergermann & Partner) 设计的拉·德方斯人行桥 (Passerelle La Défense) 中, 倒叙式的空间体验让人行桥不再成为建筑结构的附属, 而是合二为一的整体。通常情况下, 人们若想从一个建筑空间直接进入另一个建筑空间必须经过联系二者的人行天桥, 即通常的秩序为: A 建筑室内—城市空间—B 建筑室内; 而在施莱希的作品中空间秩序变为: A 建筑室内—A 建筑室外—B 建筑室内。施莱希通过结构构造的合理运用, 成功地将城市空间转换为 A 建筑室外空间, 一系列向心的斜拉杆件巧妙地将桥与建筑包裹在一起, 如此一来, 人行桥自然就游离于城市空间之外，成为相对独立于 A 建筑室内空间的室外空间了。倒叙的目的无非是强调了室内空间与室外空间的一体化，为行人提供更多变化的路径。人行桥成为沟通内外的过渡空间，也是衔接建筑公共部分与私密部分的共享空间，模糊了城市空间、建筑空间之间原有的依存关系，赋予城市空间新的含义和活力，提供了一个更加富于情趣的空间序列体验。

图3.34	图3.34 斯卡拉城堡内利用人行桥实现的时空跨越 资料来源：作者自摄	图3.35 拉·德芳斯人行桥 资料来源：http://www.sbp.de/
图3.35		

4 集体意识的集合
Footbridge as Combination of Collective Consciousness

景观象征着价值、理想、报复、希望、文化和梦想。

——摩特洛克 [1]

　　人们通过文化及潜在的信念和自身感觉重新解读景观的含义，认为景观是文化的物理表现，它联想丰富并带有创造者的个性。

　　中国古代绘画史上，顾恺之提出过"以形写神"，准确地表达了"形"与"神"的辩证关系。其思想渊源可以追溯至先秦的荀子，在《荀子·天论》中，荀子曾说"形具而神生"。汉代的桓谭在《新论·祛蔽》中也有过"精神居形体，犹火之燃烛矣"的言论。"传神"要求作品传达出对象的内在精神。

　　人行桥如何传神，如何表意呢？为什么站在桥上，内心总是很容易被感动呢？现代认知心理学表明，赋予世界意义是人类的基本需求 [2]。人行桥当然具有自身的意义，这种意义不仅存在，而且对人来说还是至关重要的。美国建筑学家拉普卜特（Amos Rapoport）在《建成环境的意义》中指出，"已经证明所有传统环境基本上都与意义有关"。人行桥的物理性征可以看作由建造科学、环境科学和行为科学组合成的科学体系，而与其物理事实既平行又独立的便是其文化性征，其中就包含人行桥的象征意义、其在文脉中的含义，以及其在意识形态方面的含义等。

　　在传统的关于城市和建筑的研究范畴中，政治、经济和文化是作为三个截然分列的子学科存在的，然而近年来的研究成果发现，任何社会性的研究都无法按照这一传统的划分方式，因为经济、政治和文化始终纠结在一起，文化对城市经济和社会政治的渗透和影响趋势日益明显。从某种程度上看，城市首先是一个经济单元，而后才是社会单元，作为城市建成环境的人行桥，就必然具备了城市赋予它的经济、政治和文化属性。

1.（美）摩特洛克 . 景观设计理论与技法 [M]. 李静宇等译 . 大连：大连理工大学出版社，2007:10.
2.（美）威廉·弗莱明 . 艺术和思想 [M]. 吴江译 . 上海：上海人民出版社，2000:330.

4.1 人行桥的多重本体

4.1.1 人行桥的通过功能

谈到"桥",人们自然会联想起水,作为连接两岸的重要元素,桥梁最基本的功能即是通过功能,车行桥要求服务于机动车辆,使其快速、顺畅地到达另一端;人行桥则应当关注步行者,为他们提供舒适的水上或路上步行经历。有效地布置,以提高行程的质量和通过者的舒适度[1]。这是中世纪对桥梁的功能定义,指明了桥梁应当具备为步行者服务的通过功能。意大利威尼斯的里亚尔托桥(Rialto)、佛罗伦萨的韦奇奥桥(Ponte Vecchio)、英国巴斯的布尔泰尼桥(Pulteney)等都是这一定义的忠实实践者,它们坐落于环境优美的跨河区域,采用宜人的铺装、亲人的尺度、精致的细部,为人们创造了良好的步行环境 [图4.1]。

4.1.2 人行桥的休闲功能

"桥就是使人占有河流空间成为可能,由于桥梁,人一方面归属于本来的整体统一性,另一方面又在两个不同领域之间往返运动,可以同时感到内部和外部,开敞、自由和保护[2]。"诺伯格·舒尔茨(Christian Norberg-Schulz)对桥梁的理解向我们阐释了这样一个事实:桥梁除了提供到达对岸的通道外,还可以作为一个特殊的驻足、休闲的场所,赋予人一个位于水域上方的"存在点"和"立足点";而且由于桥梁特殊的地理位置,这一休闲场所又与城市其他公共场所的逗留空间不同,给人一种更加开放的空间体验,使人同时感受到内部和外部,静止和流动,自由和保护 [图4.2] [图4.3] [图4.4] [图4.5]。

图4.1 佛罗伦萨韦奇奥桥(Ponte Vecchio)
资料来源:作者自摄

---

1. Joan Roig. *New Bridges*[M]. Barcelona:Editorial Gustavo Gili,S.A.,1996:9.
2. (挪威)诺伯·舒茨.场所精神——迈向建筑现象学[M].施植明译.台北:田园城市文化事业有限公司,1995:88.

	图4.2	
图4.3		图4.4
	图4.5	

图4.2 格拉茨穆尔岛人行桥（Mur Island, Graz, Austria）
资料来源：作者自摄

图4.3 位于人行桥中心的休闲吧，同时可以作为小剧场使用
资料来源：作者自摄

图4.4 人行桥内部空间增强了公共互动性
资料来源：作者自摄

图4.5 瑞典马尔默的安佳公园（The Anchor Park, Malmo, Sweden）
资料来源：*Landscape Design Today-Barcelona Spain-Linksbook*

4.1.3 人行桥的眺望功能

位于河流上方的桥梁为人们提供了独特的视点场，使人能够从一个特殊的视角来同时观察和感知跨河两岸。从布拉格的查理大桥眺望伏尔塔瓦河两岸，从伦敦塔桥纵览泰晤士河两岸，从巴黎新桥观赏塞纳河两岸，都给人留下深刻的印象。不同的桥梁形态结合不同的跨河景色，也能创造各异的桥梁场所体验，站在唐代洛阳城的天津桥，可以"春看洛城花，秋玩天津月，夏披嵩岭封，冬赏龙山雪"[1]，带给人不同的四季风光体验。威尼斯的叹息桥就因为其封闭的桥梁形式，以及富有传奇色彩的历史故事，让每一位经过的人都忍不住要驻足回望，情不自禁地叹息 [图4.6][图4.7] [图4.8]。

4.1.4 人行桥的象征功能

设计良好的桥梁不但具有象征的力量，还同时具备高质量的视觉形象。优美的设计和精妙的结构能够激发人们对它的赞赏，一座桥可以变成一个城市、一个地区甚至一个国家的标志……

"建造桥梁不仅是为了解决交通问题，更为重要的是为了满足人们对环境的要求和艺术享受[2]"。因此，一座成功的桥梁除了具备上述功能外，还应成为城市的象征。古罗马帝国建造的桥梁除了具有实用功能外，也是罗马权力的象征。罗马军团每征服一座城市，就在统治区域修建一座桥梁，这些"可见的工程形式是古罗马帝国在其他城市刻上罗马烙印的重要方式[3]"。现代桥梁的权力象征作用虽然没有古代那么强烈，但其标志性作用则更加丰富，如伦敦塔桥、悉尼海湾大桥、旧金山的金门大桥等，它们不仅是城市的象征，甚至还是国家的象征 [图4.9][图4.10]。

4.2 集体意识的象征意向

"象征型艺术，作为一个基本的艺术类型，所担负的任务是把单纯的客观事物或自然环境提升到成为精神的一种美的艺术外壳，用这种外在事物去暗示精神的内在含义。"黑格尔认为，象征包含两个因素，"第一是意义，其次是意义的表现。"意义就是一种观念或对象，不管它的内容是什么，表现是一种感性存在或一种形象。象征的这个特点向我们

---

1. 汪德华 . 凭吊洛阳、长安两京——古代城市规划传统思想初探 [J]. 城市规划汇刊 , 1997.3:16.

2. 项海帆 . 桥梁的美学思考 [N]. 文汇报 , 2002-02-17.

3. Spiro Kostof, Greg Castillo. *A History of Architecture*[M]. London: Oxford Press, 1995:7.

图4.6 一对新人在伦敦塔桥上庆祝
资料来源：
http://www.nationalgeographic.com/

图4.7 美国大峡谷国家地质公园内
的玻璃观景桥（Grand Canyon Glass
Bridge，Las Vegas）
资料来源：
http://www.nationalgeographic.com/

图4.8 从叹息桥的窗口向外眺望，
想象着当时因犯经过此桥就意味着
与亲人的诀别
资料来源：作者自摄

图4.9 都灵的奥林匹克桥（Passerella Olimpica Turin），既是都灵冬奥会的标志性建筑，也是都灵城市精神的象征
资料来源：作者自摄

图4.10 里亚尔托桥是威尼斯最具象征性的建筑
资料来源：作者自摄

传达了一个信息，"贴标签"式的生搬硬套不是象征，只是把符号的信息降低到信号水平。人行桥作为一种有形实体，传达意义并非其主要职责，因此，人行桥的意义传达都是十分隐晦的。"就艺术而言，要表达的不是意义而是情感[1]"，"一种意义与其分析成分的关系是'组合'关系，而一种情感与其分析成分的关系则是'共生'关系。"也就是说，情感的把握依靠潜意识的直觉选择，而意义的把握则是有意识地认知选择，前者主要靠体验，后者则需要理性判断。

在我们看来，某些人行桥确实实实在在地传递一定的意义，它们的意义需要怎样去理解呢？从结构特征来看，人行桥设计不外乎梁桥、斜拉桥、悬索桥这样一些形式，人行桥的体貌特征大同小异，但是我们还是能够从中分辨出各自的差异，就在于每座人行桥都传递着特定的意义，每一座人行桥都是设计者艺术思想和情感的表达。事实上，意义的传递

1.（德）黑格尔. 美学（第二卷）[M]. 朱光潜译. 北京：商务印书馆，1996:10.

很大程度上是由装饰完成的，例如桥面铺装、栏杆、雕刻等，甚至可以用各种材料的对比等形象化的象征手段来传达信息、显示意义。

象征作为最基本的艺术创作手法，有着种种不同的表现形态，这点在人行桥设计领域表现尤其突出。象征的本体意义和象征意义之间本没有必然的联系，但通过艺术家对本体事物特征的突出描绘，会使艺术欣赏者产生由此及彼的联想，从而领悟到艺术家所要表达的含义，通过借助于某一具象性的外在特征，寄寓艺术家某种深邃的思想，或表达某种富有特殊意义的事理的艺术手法。另外，根据传统习惯和一定的社会习俗，选择人们熟知的象征物作为本体，也可表达一种特定的意蕴。如红色象征喜庆，白色象征哀悼，喜鹊象征吉祥，乌鸦象征厄运，鸽子象征和平，鸳鸯象征爱情等。运用象征这种艺术手法，可使抽象的概念具体化、形象化，可使复杂、深刻的事理浅显化、单一化，还可以延伸所描写的内蕴，创造一种艺术意境，以引起人们的联想，增强主体的表现力和艺术效果。

4.2.1 隐喻式象征

隐喻式象征是人行桥艺术创作中的常有手法，主要包括以下三种。

(1) 数和几何形象征。如中国古代人行桥上的常见的方形四角亭，4根支柱象征着四季，方形的凉亭与桥下的圆拱的对比组合象征"天圆地方"的宇宙观 [图4.11]。

(2) 色彩、装饰的象征。色彩本身就能够引起人们的联想，尤其在历

图4.11 朱家角某桥
资料来源：作者自摄

史上，色彩约定俗成地传递着封建等级观念，如中国历史上以金黄色最为尊贵，为皇帝专用，因此环绕紫禁城的护城河取名"金水河"，通往紫禁城的桥称作"金水桥"。装饰类的象征手法就更多了，在威尼斯的很多人行桥的桥中装饰上都能发现作为威尼斯城市象征的狮子，有用狮首的，有用狮身全貌的，都是将狮子当作象征符号来运用 [图4.12]。

(3) 外观象征。抽象形体给人合乎主题的丰富联想，从人行桥的立面或者外观上就能直接产生联想。贝德福德的"蝴蝶桥"、耶路撒冷的"和玄桥"等，都是此类代表 [图4.13]。

4.2.2 氛围象征

氛围象征，从手法上是以简洁的"形"来写"神"，讲求神韵，渲染气氛。在人行桥创作中，具象的"形"往往只能作激发线索之用，氛围象征有点类似文学语言中的"提示"，起着画龙点睛、道明主题的作用。中国古建筑中善于用匾、联、碑、坊等元素来揭示内容，如"黄鹤楼"、"滕王阁"、"拙政园"、圆明园福海中央三岛的"蓬岛琼台"等等，都是与环境或建筑本身形象契合，从而有助于引导想象，增加建筑的文化内涵。

图 4.12

图 4.13

图4.12 威尼斯常见的狮首符号
资料来源：作者自摄

图4.13 贝德福德蝴蝶桥
资料来源：*Footbridge*

氛围象征胜在对环境氛围的营造，给人无限遐想。彼得·埃森曼（Peter Eisenman）在维罗纳古城堡（Castelvecchio）内设计的装置艺术作品"迷失的花园"（The Garden of Lost Footsteps）使人联想起微缩的城市。"迷失的花园"继承了埃森曼的语法体系，刻意地将纯几何关系的生成过程反映到作品中。实际的展出地点是一个有着丰富历史内涵的场地，古城堡是维罗纳城市的象征和城市的骄傲，古堡的改造设计则是由意大利著名建筑学家卡洛·斯卡帕完成，因此在这样一个语义复杂的场所中创作需要格外小心。埃森曼将斯卡帕丰富多变的水域空间特征加以应用，以梁、柱、墙为单词，表现出维罗纳这座古城面对新兴的城市变革时大胆的态度和小心翼翼的做法。鲜红色的桥面步道隐喻为城市文脉，象征着城市鲜活的生命力会无穷无尽地延续下去 [图4.14]。

4.2.3 历史诠释象征

历史诠释象征手法在人行桥设计创作中的运用如同文章中引述典故一样。这种创作手法尤其在历史内涵丰富的场地中较为常见，用相似的结构情境组织单个意象。巴莱卡和皮钦（Antonio Marco Barreca & Paolo Piccin）设计的维昂特水坝纪念桥（Vajont Dam Memory Bridge）就采用了非常典型的历史诠释的象征手法。1963 年 10 月 9 日晚，维昂特水坝（Vajont Dam）突然坍塌，2600 万 m³ 的水流直泄而下，顺着山谷流向下游的村庄，造成 2000 多人丧生，是意大利继二战以后最严重的伤亡事故。经过一番修整后，原来的水坝被改造成为一处旅游景点，以纪念在事故中丧生的人们。巴莱卡和皮钦大胆地在水坝上方设计了一座悬空的人行桥。桥体由完全一样的正方形木结构框架沿同一轴线不同角度依次旋转而成，不仅最大程度地保留了人在桥上的视野，木结构的框架与山体颜色一致，同时让人行桥隐藏在环境之中。另一方面，旋转的主体框架间接地模拟了洪水直泄而下的场景，置身于桥上，仿佛身处洪水的漩涡之中，悬空的结构又一次暗示着危境中人们的绝望。如何在流动的时

图4.14 埃森曼的作品"迷失的花园"
资料来源：作者自摄

空中让行人体会 1963 年 10 月 9 日 22 点 39 分那个瞬间，这正是设计者的初衷所在 [图4.15]。

4.3 集体意识的抽象意向

《辞海》中关于"抽象"一词的解释有：1）笼统、不具体；2）哲学名词。其中又可分以下三种情况：第一，同"具象"相对，指在思想上把客观事物看成相对独立的各个方面、属性、关系等；第二，与生动的直观相对，指透过现象看本质；第三，同科学的抽象相对，是一种孤立的、片面的、脱离实际观察的形而上学方法。

既然将抽象作为一种艺术创作手法，我们就有必要将科学领域中的"抽象"概念与艺术创作领域中的"抽象"加以区别。"科学和艺术领域中的抽象活动从逻辑直觉上开始就有了分歧。比如：艺术中的直觉同样也是一种原始逻辑经验，然而产生这种经验的过程却与正常的过程有些区别。具体说来，这种直觉认识是从对于一个完形的知觉开始的，随之便是对于这一理想的整体内容的组成要素的识别。这样一来，能够体现这种逻辑经验的符号体系必然是一种刻意把其中的细节展示出来的物理的或想象的整体，而不是那种可以结合在一起形成一种严密结构的语

图4.15　维昂特水坝纪念桥（Vajont Dam Memory Bridge）
资料来源：Antonio Marco Barreca & Paolo Piccin , IUAV

言符号体系。这就是艺术形式往往被说成是'有机的形式'，而推理性形式却被说成'系统的形式'，同样也是推理性符号系统被用于科学，而艺术符号系统却被用来开拓和表现'生命经验'或'情感生活'的原因所在[1]。"鲁道夫·阿恩海姆（Rudolf Arnheim）有着类似的见解，他指出"知觉抽象与传统逻辑学中描述的抽象有着不只一方面的区别。最值得一提的是这种抽象并不是一种无数个别范例中抽取其共同特征的过程。"例如，立方体随着观者视角的不同呈现出不同的"变形"，然而我们仍能够认出立方体的三维形状。也就是说，艺术抽象不能够脱离具体的形式，"艺术抽象正如一个化学家能从一种歪曲某种物质的本性和功能的污染物中提取出这种纯的物质一样，艺术品也是一种富有意味的表象'纯化'，使它以一种抽象的和具有一般普遍性的式样呈现自身。"

阿恩海姆在《视觉思维》一书中，对"抽象"的定义和思维发生机制做了深入细致的讨论，其理论基础建立在"格式塔心理学"的研究成果之上，而对抽象在艺术创作中的应用并没有详细论述。此后，哈罗德·奥斯本（Harold Osborn）在《二十世纪艺术中的抽象和技巧》一书中，对艺术创作中的"抽象"概念作了进一步探讨，人们通常在两种意义上使用"抽象"，其一是指再现性艺术作品所传达的关于外在世界的信息不完整，消除了某些细节或夸大了某些特征；另一种意义上的"抽象"则被当作一种总括性的描述术语，用来指那些不传达或意在不传达除作品本身以外的外部世界信息的艺术作品，这类作品不再现它本身以外的任何事物，而是同被再现事物不存在任何形象的类似关系。奥斯本用"语义抽象"（Semantic Abstraction）和"非传统抽象"（Thenon-iconio Abstraction）两个术语来区分这两类不同的艺术抽象[2]。事实上，在学术界关于艺术抽象的分类和定义也一直存在争论，有些人认为具体的艺术根本不是抽象，另一些人则持有完全相反的观点，认为艺术是最激进、最根本的抽象。

按照奥斯本的观点，"语义抽象"是属于对自然外观进行不完全地或有限地描述的再现性艺术类型，其创作的目的在于突出和夸大外在事物的特征，达到再现和把握该事物的目的。而"非传统抽象"是指那些与对自然外观的描述无关的艺术类型，习惯中的那些非描述性的、非再现性的均可归为此类。相对于其他艺术创作形式（如绘画、音乐），人行桥的艺术创作过程相对较为简单。为了便于区别和理解，人行桥艺术创作中的抽象手法可被简化为再现式抽象和表现式抽象，分别对应奥斯本的"语义抽象"和"非传统抽象"。

1.（德）黑格尔. 美学（第二卷）[M]. 朱光潜译. 北京：商务印书馆,1996:51-79.
2.（美）苏珊·朗格. 艺术问题 [M]. 滕守尧译. 南京：南京出版社,1996:170.

4.3.1 再现式抽象

再现性抽象侧重在空间展开，追求自然的物理时空。表现性抽象侧重时间的流动，追求的是诗意的心理时空。两者在美学原则和创作手法上存在明显的不同，前者重视语义信息的传达，后者注重作品"知觉力"的表现。

艺术作品的表现特征是否强烈，除了显示作品本身的艺术价值外，在一定意义上标示着艺术家创作技艺的高下。在艺术界，有些理论家将再现排除在艺术之外，认为表现与再现是艺术与非艺术的区分标志。在艺术史上，我们可以发现许多优秀的"再现性"作品，《神曲》中的地狱、炼狱、天堂、英勇的大卫，都不是什么新鲜事物，在但丁和米开朗琪罗之前不知有多少人以此为题材，然而但丁和米开朗琪罗之所以伟大，就在于他们用独特的艺术嗅觉将这些旧的题材创作出前所未有的形式，达到极致的艺术高度。可见，再现不仅不是非艺术，还是一种非常重要的创作手段。

西方美学的传统一贯是以再现为基础和主导。柏拉图将美归结为哲学之上永恒的绝对真理；亚里士多德的《诗学》强调"美"与"真"的结合。有美学之父之称的鲍姆嘉顿（Alexander Gottlieb Baumgarten）认为，"美学"的任务是研究感性认识的完善。整个德国古典美学主要沿着调和感性和理性关系的线索来思考美的问题，黑格尔提出的"理念的感性显现"，实质就是推崇感性形式中的真理。文艺复兴时期，达·芬奇要求把透视、明暗、对比、解剖等基本知识作为艺术创作的必修课，将镜子作为老师，追寻逼真再现的艺术效果。在西方艺术史上，艺术创作的主导方向是由外而内的，艺术作品的主导特征是静态之美。尽管人行桥的艺术创作在一定程度上看有些"后知后觉"，但是在西方现代人行桥的创作中追求完美的静态空间，真实再现经典的例子也是有迹可循的。

"巴黎之所以成为独一无二的巴黎，是因为有塞纳河。如果你有心，请沿着塞纳河一路走去，镜头里留下水波与桥梁。每一座桥都有一段故事，或温情或浪漫，还有时光的痕迹——写在上面。"这是一首法语歌曲中的歌词，如果说塞纳河是巴黎的灵魂，那塞纳河上的 36 座桥不仅仅是连接左岸与右岸的交通枢纽，更是历史给后人留下的一件件艺术作品。巴黎的桥梁建造可以追溯到 2000 多年前，现存的桥梁中，以中世纪建造的圣母桥、圣米歇尔桥、兑换桥最为著名。17 世纪后，为满足西岱岛和塞纳河两岸的交流，又陆续修建了新桥和皇家桥。1769 年，路易十四国王下令拆除塞纳河桥面上的房屋，最终统一了塞纳河上各个桥梁的式样，或古典华丽或庄严凝重或简约轻盈，都能感受其折射出的优雅、浪漫的巴黎气息 [图4.16][表 3.1]。

塞纳河流经巴黎市区 13km，河上横亘着 36 座桥，其中仅 4 座为人行桥，分别是艺术桥（Pont des Arts）、德比利桥（Passerelle Debilly）、索尔菲力诺桥（Passerelle Solférino），以及 2006 年才建成的西蒙娜·德·波伏娃桥（Passerelle Simone de Beauvoir）。对比这 4 座人行桥，人们会惊喜地发现，尽管它们建于不同时期，但是设计师却都不约而同地选择了拱形结构，其中有什么特殊的联系呢？斯蒂文·霍尔在《无声的语言》一书中关于非语言交际的研究表明，不同的民族在组织几何方面有不同的喜好，法国人就倾向于集中和放射形的几何形体[1]。与其他结构形式相比，拱结构是兼备集中和放射倾向的桥梁结构形式。因此，塞纳河上的人行桥都是拱桥结构也就不难理解了 [图4.17][图4.18][图4.19][图4.20]。

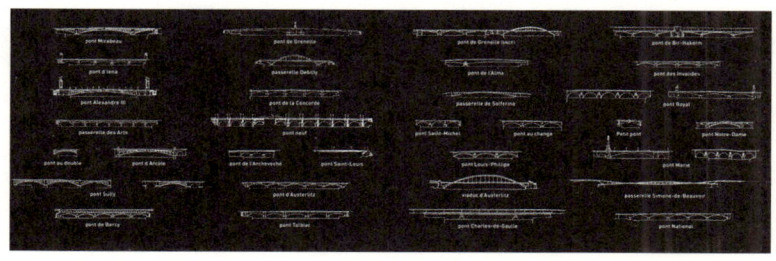

图4.16 巴黎的桥
资料来源：
2nd Footbridge Conference

表 3.1　塞纳河上巴黎市区的四座人行桥			
	艺术桥 Pont des Arts	德比利桥 Passerelle Debilly	索尔菲力诺桥 Passerelle Solférino	西蒙娜·德·波伏娃桥 Passerelle Simone de Beauvoir
类型	拱桥	拱桥	拱桥	拱桥
材质	铸铁	钢材	钢材	钢材
长度（m）	155	125	106	304
宽度（m）	11	8	15	12
建成时间（年）	1804	1900	1999	2006
重建时间（年）	1984	1997		
设计者	路易斯·阿莱切 （Louis Arretche）	让·雷赛尔 （Jean Résal）	麦克·米拉姆 （Marc Mimram）	菲舍廷格 （Dietmar Feichtinger）
位置				

---

1. Edward T. Hall. *The Silent Language*[M].Anchor, 1973:34.

1999 年，建筑师麦克·米拉姆（Marc Mimram）设计完成的塞纳河上的第三座人行桥——索尔菲力诺桥，因为其新颖的造型结构获得了公众以及专业领域的一致赞誉。跨径达 100m 的人行桥没有借助一个桥墩，完全依靠中间的拱梁支撑，最值得称赞的是，作为奥赛美术馆和丢勒里花园（Jardin des Tuileries）的联系纽带，米拉姆非常尊重人性的需求，为了最大限度地保留人的活动空间，减小人的步行距离，他在桥面两侧的中央地带设计了 2 个下沉式入口，沿河的游人不必经过熙攘的车流即可直接到达桥面。上、下双层式的入口设计不仅方便了行人，减小了交通冲突，也创造了一个新的观赏塞纳河景致的观景平台。

当人们还沉浸于索尔菲力诺桥的喜悦时，2006 年在塞纳河流经巴黎市区的下游又竖立起一座新的人行桥——西蒙娜·德·波伏娃桥。与之前的 3 座人行桥建造过程中的大兴土木不同，这座人行桥主体结构完成仅耗时 2 个小时（该桥由建造索尔菲力诺桥的埃菲尔公司——EFFEL——完成，通过英吉利海峡和法国境内运河由船运至桥址处）。西蒙娜·德·波伏娃桥不仅建造过程迅速，双向交叉的拱结构为桥体提供了有力的支撑保护，使其跨径也远超过之前的 3 座，达到 300m，且当中没有任何支撑的桥墩或桥塔。菲舍廷格（Dietmar Feichtinger）借鉴了索尔菲力诺桥的上下双层式入口设计，交叉的双层桥面提供了更加灵活的空间组织，也丰富了视觉空间。

| 图4.17 | 图4.18 |
| 图4.19 | 图4.20 |

图4.17 艺术桥（Pont des Arts）
资料来源：*Bridges*

图4.18 德比利桥（Passerelle Debilly）
资料来源：*Bridges*

图4.19 索尔菲力诺桥（Passerelle Solférino）
资料来源：www.flickr.com

图4.20 西蒙娜·德·波伏娃桥（Passerelle Simone de Beauvoir）
资料来源：Fabrizia Zorzenon 提供

英国著名艺术评论家贝尔（Clive Bell）是西方现代美学中形式主义美学的创建者之一，在其论著《艺术》一书中，提出"艺术是有意味的形式"。此后，人们喜欢用"有意味"来衡量作品的艺术价值，因为"有意味"会激起特有的情感，是艺术作品的共有特质。索尔菲力诺桥和西蒙娜·德·波伏娃桥之所以受到人们的喜爱，就是因为它们都具有艺术作品共有的特质，带有自身完整的意味。索尔菲力诺桥特殊的空间结构体系令人耳目一新，西蒙娜·德·波伏娃桥又继承和发扬了其创新的空间体系。将两座桥放在一起对比，可以发现，其主体的双向交叉结构正是受到索尔菲力诺桥的单向交叉结构的启发；如果将索尔菲力诺桥的结构立面对称交合，所得到的曲线正好与西蒙娜·德·波伏娃桥的主体结构吻合。

任何艺术创造都不可能凭空创造、无迹可寻，因此，从广义上看，任何艺术都带有一定程度的再现，只是程度不同罢了。再现并不意味着不具有艺术性，再现的前提是所要再现的作品必须具有丰富的表现力和感染力，否则只能是拙劣的东施效颦。西蒙娜·德·波伏娃桥绝不是简单地模仿索尔菲力诺桥在视觉上类似的形式转变，而是设计师将作品本身当作艺术对象，力求上升到创造艺术再加工的结果，是优秀的艺术创作 [图4.21][图4.22]。

图4.21 西蒙娜·德·波伏娃桥
（Passerelle Simone de Beauvoir）
资料来源：Fabrizia Zorzenon 提供

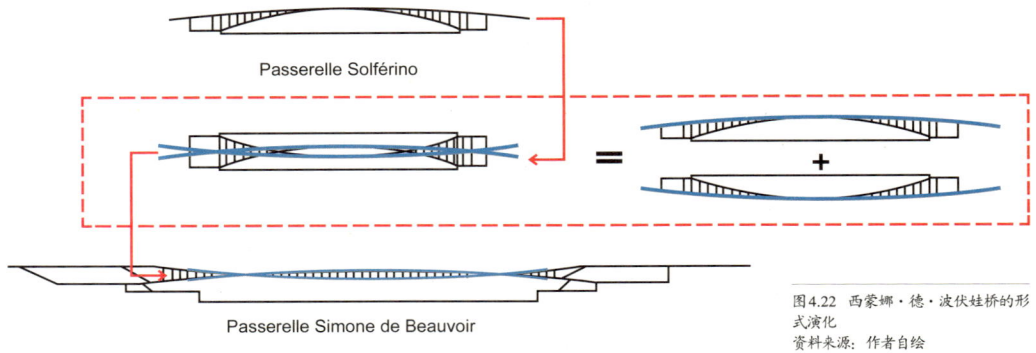

Passerelle Solférino

Passerelle Simone de Beauvoir

图4.22 西蒙娜·德·波伏娃桥的形式演化
资料来源: 作者自绘

4.3.2 表现式抽象

根据奥斯本的解释，表现式抽象是指这样的艺术作品，其主要兴趣产生于它们的表现性特征，无论它们是否反映了艺术家的情绪状态。表现可以指艺术家的感情表现，也可指外部世界的"表现性"特点再现。

在绘画艺术领域，有写实表现主义和抽象表现主义。写实表现主义就是一种再现外表的写实主义，关注事物的形式和视觉特征，以写实的表现和情感特质作为创作目的；抽象表现主义实质是由写实表现主义变化、发展而来，在吸收非传统抽象手法的基础上，创作的重点是几何形体的表现性特质。建筑和结构空间创作中，抽象表现主义的创作手法十分常见。例如，密斯的巴塞罗那德国馆充分表现了墙、屋顶的穿插，突出结构的动感和力度；赖特的古根海姆美术馆表现了螺旋线的流动感。

从一定意义上看，表现性抽象有些类似构成派，二者都追求高度抽象，但表现性抽象更强调表现性特征。近年来，人行桥设计领域出现了很多表现地方性特征的作品，如采用地方出产的材料，或者在组织形式和施工工艺上借鉴地方的传统，以求获得地方特色。此类人行桥的空间创作手法可以归结于表现性抽象。除此之外，以技术表现为基础，强调形成自己的个性特征，也属于表现性抽象的范畴。如那些可以表现几何形体的"知觉力"，主张抽象表现力的造型效果，最典型的莫过于卡拉特拉瓦的"力学表现"。

人行桥艺术的表现性抽象特征不是近现代才有的产物，从人类建造第一座人行桥开始，表现性就是人行桥建造的主题，只是没有特别提出罢了。尤其是当近现代人类开始有意识地强调某些结构的表现性特征时，人行桥的表现性才逐渐进入人们的视野。

里亚尔托桥是威尼斯的城市象征，当威尼斯还是亚得里亚海边的一个小渔村的时候，此处就已经有一座连接威尼斯两大半岛的木质人行桥。随着时间的流逝，当年的木质小桥已经不复存在，取而代之的是一座典型的帕拉第奥式桥梁。里亚尔托桥之所以能够成为今天威尼斯的城市象征，不仅在于它见证了威尼斯城市发展的历程，更为重要的是那独一无二的结构特征反映了城市精神。

13 世纪末，威尼斯已经成为欧洲大陆上数一数二的大都会。虽然潟湖地区的 7 个主要岛屿仍由不同的教会领导着，但是经过不断地开拓航道和扩大土地面积，这 7 个不同的教区形成了一个联合组织。据史料记载，到 14 世纪 30 年代末，威尼斯的常住居民已经达到 12 万。这是一个相当惊人的数字，即使在 20 世纪 70 年代，威尼斯城市人口总数也才达到 20 万，足见当时威尼斯城市的发达程度。此时的威尼斯成为继佛罗伦萨、米兰、那不勒斯、巴勒莫之后，意大利本土之外最大的城市 [1]，其繁华程度甚至可以与当时的欧洲中心——巴黎——匹敌。

从德·巴尔巴利（Jacopo de’Barbari）1500 年绘制的威尼斯城市鸟瞰图中可以看到，旧的木质里亚尔托桥已经是联系城市交通的主要动脉。这座木质人行桥建于 1250 年，在新桥建成之前，它一直是大运河上唯一的一座人行桥。这座木质人行桥不仅是联系岛上居民生活的交通枢纽，也是威尼斯的城市中心。桥两侧的桥面可以升降，供大型船只通过，两侧林立的店铺总是吸引着各地的商人。直到 1503 年，里亚尔托桥的所有者威尼斯盐商协会提出建造一座新桥取代原来的木质桥梁。尽管有财大气粗的盐商协会的赞助支持，里亚尔托桥的重建却并非一帆风顺。整个重建过程从方案提出到最终建成，从最初热闹非凡的设计竞赛吸引众多知名建筑师竞相参与，到最终采用了一名默默无闻的建筑师的方案，持续了整整一个世纪。在无数次的设计师与业主的争执中，最终建成的里亚尔托桥完全体现了宗教与权力的意志 [图4.23][图4.24]。

作为意大利文艺复兴时期最著名的建筑师，对出生于威内托地区的帕拉第奥来说，为富庶的威尼斯设计一座地标式建筑显然是无上的荣耀。尽管当时帕拉第奥在威尼斯已经有一些人们熟知的作品，如圣马乔雷教堂等，但是当帕拉第奥带领他的所有弟子全力以赴投身于里亚尔托桥的设计竞赛时，却没有获得成功。在 1570 年出版的《建筑四书》中，帕拉第奥修正了他最初提出的方案，从之前的五跨拱改为三跨，主体结构还是保留着典型的帕拉第奥风格：严格对称的平面，成正比的几何装饰，主

---

1. 至 1866 年的普奥战争，威尼斯与伦巴第一威尼西亚王国的其他地区才成为现代意大利的一部分。

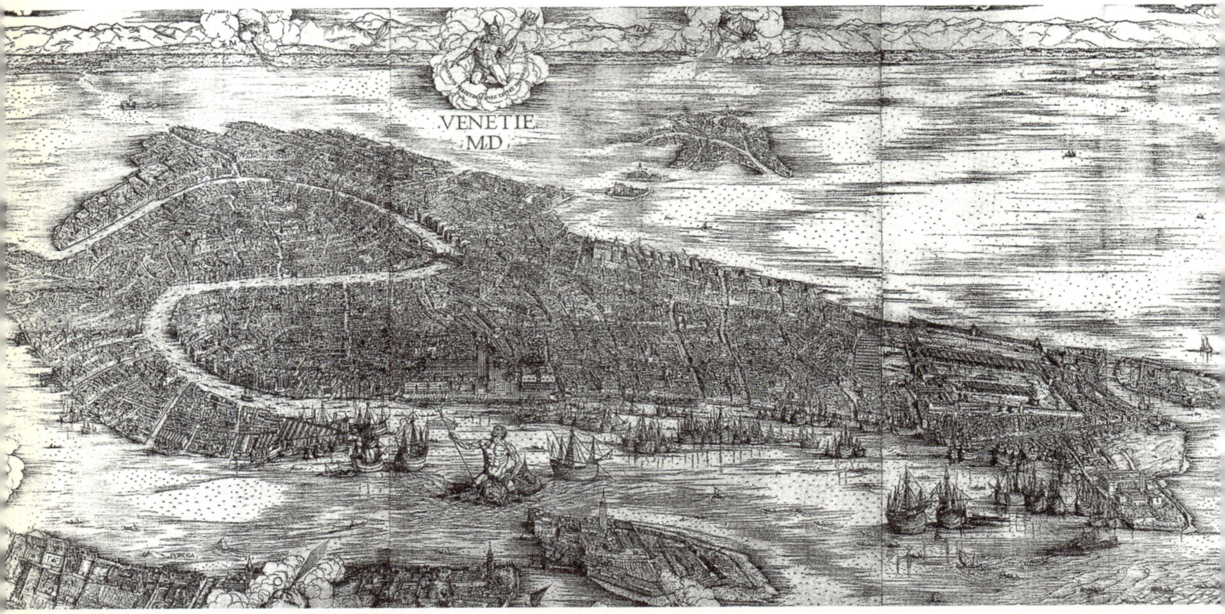

图4.23

图4.24

图4.23 1500年的威尼斯地图，为雅各布·德·巴尔巴利
（Jacopo de'Barbari）的木刻作品
资料来源：作者自摄（翻拍自明信片，原作现藏于大英博物馆）

图4.24 15世纪跨越威尼斯大运河的木桥（The Miracle of the
True Cross，1494年）
资料来源：Living Bridge

入口前的列柱。尽管帕拉第奥的修正方案已经对宗教势力作出了妥协，表明对教会意见的尊重和对上帝的崇敬，桥上正中为一座教堂，但是盐商协会还是因其罗马风格过于明显而否定了此方案。尽管帕拉第奥在威尼斯的桥梁设计并不成功，但是其设计思想却影响了许多后来者，尤其是当《建筑四书》出版后，帕拉第奥式人行桥成为 17、18 世纪颇为流行的一种设计风格 [1][图4.25][图4.26]。

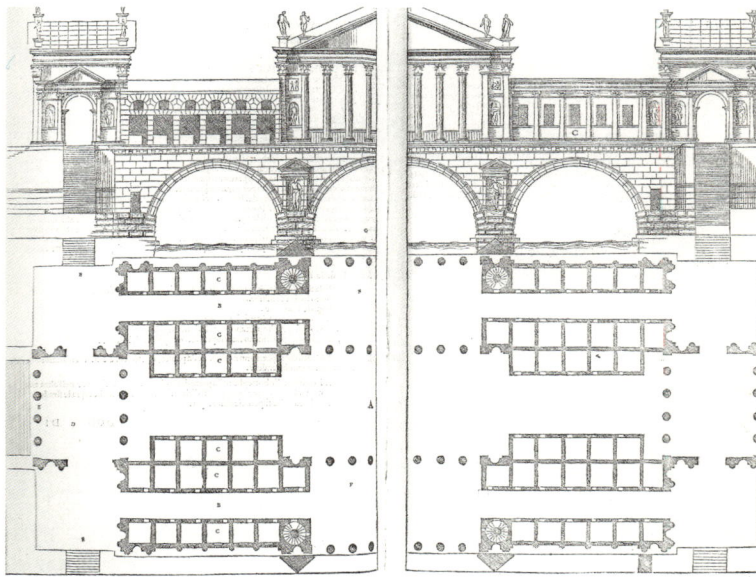

图4.25　帕拉第奥的里亚尔托桥设计
方案（1554 年 Andrea Palladio）
资料来源：*Living Bridge*

图4.26　帕拉第奥的里亚尔托桥效果
图（1554 年 Andrea Palladio）
资料来源：*Living Bridge*

---

1. Tracy E. Cooper. *Pallodio's Venice: Architecture and Society in a Renaissance Republic*[M]. Yale University Press, 2000:33-74.

1588 年，威尼斯总督终于结束了这场持续了近一个世纪的争论，决定以维琴佐·斯卡莫齐（Vincenzo Scamozzi）的方案为蓝本，委任建筑师安东尼奥·达·庞蒂 (Antonio Da Ponte) 完成里亚尔托桥。盐商协会与教会为何放弃帕拉第奥的设计，而选择斯卡莫齐的方案，具体的原因已经不得而知，但是从当时的一些艺术作品以及文字记载中，我们可以发现一些蛛丝马迹 [图4.27]。

法国现象学美学家杜弗里纳（Mikel Dufrenne）在《美学与哲学》一书中指出："表现的真实性是主体感受到的一个世界的真理 [1]。"帕拉第奥的作品之所以没有被威尼斯权势阶层所接受，主要原因在于他的设计定位不明确。其一，威尼斯不同于当时欧洲其他主要城市，宗教势力的影响远没有集权力与财富于一身、以总督为代表的贵族势力和新兴权力阶层大。其二，威尼斯从建市以来就以开明的宗教自由著称，早期威尼斯的居民是以欧洲其他各地受宗教势力迫害的"异教分子"组成，因此，威尼斯公国对待基督教的态度不像法兰西和奥地利那么暧昧。最后，也是最主要的原因是，尽管威尼斯对待各种宗教都是宽容、开明的态度，但是威尼斯总督在本土势力上"神化自我"的现象却一直存在。历届总督的就任仪式中重要的一项就是在仪仗队的带领下，由圣马可教堂一路游行穿越里亚尔托桥，同时在桥上接受当地民众的祝福，可以说这一刻是每位总督权力膨胀到顶峰的时刻，利用建筑的结构特征表达自己特殊至尊的身份显然是一个最佳的抉择，还有什么比站在高高抬起的拱桥中接受民众膜拜更能满足权力欲望的？现在从斯卡莫齐的设计看来，两侧店铺的设计照顾了盐商协会的经济效益，桥中似古希腊式的神庙显然参考了帕拉第奥的设计方案，将古典建筑语言的精华引入民间，取古典形制之典雅、凝练，那么如何满足总督们的"私欲"？三跨拱的结构特征注定了这只能是一个优美但流于平庸的设计，单跨拱结构则不然，如果此桥建成的话，不仅是当时欧洲跨度最大的拱桥，而且还向世人展示了强大的威尼斯公国的财富和势力。威尼斯权势阶层最终选择这样一种形式自然还有其他原因，如果将里亚尔托桥的立面与圣绪尔比斯大教堂讲道坛（The Pulpit of Saint Sulpice）对比的话，会发现二者是何其相似！如同贵族们委托丁托列托将自己的肖像画入那些宗教题材的绘画作品，让自己成为耶稣的弟子或是随从一样，当总督们经过里亚尔托桥时，站在拱桥之上与神父和教皇站在讲道坛上一般，这无疑是向世人传递着一个讯息——"我是上帝的信使"[图4.28]。

至此，我们可以得出这样一个结论，透过里亚尔托桥的外在形式去

---

1. Mike Dufrenne. *The Phenoenology of Aesthetic Experience*[M]. Northwestern University Press, 1989:164.

感受其整体和内在的表现力，里亚尔托桥实际是满足封建权力阶层私欲的表现性产物。权力阶层幻想着自己是"上帝的子女"，通过与教堂讲道坛类似的形式，再现神职人员布道的场景；只是这种表现不是由设计者主导控制，而是封建权力阶层内心幻想的呈现 [图4.29]。

图4.27　斯卡莫齐的里亚尔托桥设计方案（1588 年 Vincenzo Scamozzi）资料来源：*Living Bridge*

图4.28　建于 13 世纪的巴黎圣绪尔比斯大教堂讲道坛，查尔斯·德·威利设计（The Pulpit of Saint Sulpice, Paris，Charles de Wailly）资料来源：*The Projective Cast*

图4.29　最终建成的里亚尔托桥资料来源：作者自摄

5 历史文化的积淀
Footbridge as the Deposit of Human Culture

> 罗马军队每征服一座城市，就在其统治地区建造桥梁，这些可见的工程是古罗马帝国在其他城市刻上罗马烙印的重要方式。

> ——斯皮罗·科斯托夫[1]

　　每一座人行桥都有其相对应的生成年代、社会背景以及相应的社会生活环境。每一座人行桥都可定时、定序通过所在地的城市形态、居住模式、建筑风格、装饰细节和设计特性追溯其归属年代。将人行桥置于历史长河中解读，通过其物质元素的变动，可以建立起完整的历史记录，进而关联起生成它们的文化。对历史构建的展示和解读，如同戏剧情境，当前的社会价值环境左右着我们对历史的理解，而不同的历史观点又影响着我们当前的感知与行为，从这个互动的角度出发，让人类通过自身的发展更好地理解现在的处境——通过强调历史的共通性，强化文化的集体意识。

5.1 人行桥的历史性

　　无论身处世界上哪座城市，新兴城市还是历史性的古城，我们都能深切地体会到每座城市所具有的独特的历史性，在那些饱经沧桑的历史古城中，不同历史时期建造的建筑和街道鳞次栉比，而新兴城市的形成过程本身就是时间进化的结果，城市发展的脉络体现了内在的历史性。城市的历史发展进程不仅表现在城市的物质形态上，也能通过城市的社会形态体现出来，因为参与城市建造和使用的人类是历史架构的主体。城市的历史过程，不仅创造了各种人造环境，也造就了城市中市民独特的行为活动、社会生活和文化信仰[2]。

　　人类的思想、实践以及人造环境无不体现着鲜明的时代特征。从人类社会的历史进程看，很多思想和实践在形成和发展一段时期后就会慢慢消失，逐渐被新的思想和实践所取代，而那些存留下来的部分则可能生机勃勃地继续发展。纵观人类发展的历史，古今中外，每个社会进程

---

1. Spiro Kostof, Greg Castillo. *A History of Architecture*[M]. London: Oxford Press,1995:26.
2. （美）欧·奥尔特曼，马·切默斯. 文化与环境 [M]. 骆林生，王静译. 北京：东方出版社，1991:116.

总会或多或少地继承前人的思想。通过这种继承，新兴社会确保了在相同空间形态下不同社会情境之间地动态共存，不同的社会和生产模式、文化习俗、城市物质结构……这种共存体现了新的社会人群对过去遗产的再创造和转化，也使城市有了全新的特质。

　　人行桥作为历史留存的空间遗产，是时间的产物，是一种历史的创造物，是历史的具象，因此，若想解读一座人行桥，必须从它的历史入手。每一座人行桥的建造、修缮也许只是人类建筑历史长河中很小的一个片段。然而，正如之前提到过的，每个社会进程总会继承前人的思想，那么这个"瞬时的片段"就会被无限放大，因为它是之前无数片段的聚合体在这个特定历史瞬间的定格。每一座人行桥都凝聚了特定时期的无意识的集体记忆，建成后的人行桥同样又会成为组成下一个"瞬间片段"中的一分子。那么，人行桥如何反映历史？我们又如何寻找人行桥的历史印记？

5.1.1　历史性的解读

　　一座城市或一个地方的地域性，存在于人们对这座城市形式内容以及生活形态的概括性认识，是人们从感性的、直观的观察中获取和感悟的，既是一种对其某些特征与个性的鲜明感受，又是一种上升为与之相应的、深刻的文化和精神内涵的综合认识。一座城市的历史性，是在几十年、上百年甚至更长的历史时期内形成的，它与它的生成母体及其自然和社会的因素有着长期和复杂的共生关系，它们的形成延续包容了丰富的内涵，经历了曲折的历史过程。

　　城市与历史信息相互叠加并非什么新的理论观念。人们把建筑分为不同门类、不同等级，认为建筑象征着城市的典型风貌，建筑和城市构成"图—底"关系[1]。当人们把建筑作为城市背景的时候，城市形象就脱颖而出；反之，当城市成为建筑的背景时，一些建筑又会从城市中脱颖而出，成为城市的象征。值得一提的是，在"建筑—城市"这对"图—底"关系中，人行桥往往成为城市的象征，代表城市形象[2]。这个现象说明人行桥是构成城市形象的重要元素之一。的确，那些特色鲜明的人行桥完全能够表征城市形象。因此，认识人行桥离不开其根植的城市，离开了城市的人行桥，也就失去了它存在的根基；而离开了象征意义的人行桥，城市形象也会随之折损 [图5.1][图5.2]。

1. 孙颖，殷青. 浅谈图底关系理论在城市设计中的应用 [J]. 建筑创作，2003.8.
2. E. Rodolphe. *Shaping the City: Studies in History, Theory and Urban Design*[M]. Routledge, 2003:273.

图5.1 威尼斯学院美术馆附近建于不同时期的人行桥
资料来源：作者自摄

图5.2 威尼斯城内同一河道上相邻的三座建于不同时期的人行桥，各自具有鲜明的时代特色
资料来源：作者自摄

5.1.2 文化认知的新途径

16世纪末期，一场空前恐怖的大瘟疫席卷威尼斯，造成城中5万多人死亡[1]，而当时威尼斯的城市总人口不过10万，因此经过这场劫难，威尼斯几乎变成一座空城，来不及处理的尸体被堆积在一起，活生生的一副人间地狱的景象。1576年，时任威尼斯总督的阿尔维塞·蒙奇尼哥（Alise Mocenigo）提议修建一座向上帝祈求结束这场灾难的教堂[2]，一方面可以为百姓提供一个祷告祈福的场所，另一方面告诫后人不要忘记威尼斯经历的痛苦和磨难。该提案很快得到了所有威尼斯人的响应。1577年3月，圣址地开始动工。同年7月，新继任的总督塞巴斯蒂亚诺·维尼尔（Sebastiano Venier）宣布威尼斯的瘟疫结束，并且委托著名建筑师帕拉第奥主持设计该纪念教堂，也就是今天的莱

1. Francesco da Mosto, John Paker. *Francesco's Venice: The Dramatic History of the World's Most Beautiful City*[M]. BBC Books, 2007: 21-24.
2. John Julius Norwich. *A History of Venice*[M]. Vintage, 1989: 163-192.

登特里教堂（Ch.Redentore）[1]，同时举办了一个十分隆重的祭典仪式。在圣址处搭建了一个临时祭坛，80 条刚多拉连成的一座浮桥，联系起圣址和对岸的札特里（Zattere）。仪式开始后，总督为首带领官员和百姓从札特里经浮桥抵达圣址。这一传统一直保留至今，每年 7 月的第三个周六，宽阔的运河河面上都会搭建一座浮桥，威尼斯全城的人都会聚集到札特里，再由教皇带领经过浮桥，到对岸的莱登特里教堂做祷告 [图5.3] [图5.4]。

在威尼斯生活的人群大体可以分为两类：一类是城中的居民，另一类是旅游者，对于这两类人来说，莱登特里浮桥显然有着不同的意义，对游客来说不过是一场热闹的游行、一个大型聚会，但对居民来说是不能忘却的历史纪念。莱登特里浮桥是唤起威尼斯城市历史感知的印记，传达的是对历史时间的记录。没有莱登特里浮桥的威尼斯，从空间区位来看，仍然是威尼斯，但是从认知角度来说，有没有莱登特里浮桥成为分隔与历史意象联系的关键。若没有浮桥，面对莱登特里教堂，无论是居民还是游客恐怕都不会想象发生在 400 年前的灾难。因此，存在浮桥后的感知变化是认识威尼斯的另一途径 [图5.5]。

图5.3 总督塞巴斯蒂亚诺·维尼尔在莱登特里祈福，
1577 年
资料来源：*Il Ponti di Venezia*

图5.4 18 世纪的莱登特里浮桥
资料来源：*Il Ponti di Venezia*

1. Alberto Weissm Iler. *Palladio in Venice*[M]. Grafiche Vianello Srl, 2006:84.

图5.5 今天在莱登特里浮桥上举行
的纪念活动更像一场游客与居民共
同参与的全民盛会
资料来源：作者自摄

5.1.3 文化的符号

众所周知，人行桥的第一要素是实用性，但是人行桥同样还是一个有意义的结构，具有功能与思想的双重性，包含功能产品和文化指意两个层面。若仅从功能角度思考人行桥，必然会陷入千篇一律的"功能外壳"，不能蕴含意义的人行桥，必然是苍白的、乏味的。那么多形式各异的人行桥，它们的艺术价值在于其形式表达了一种意义。

"符号"就是可以拿来"有意义地代替另一种事物的东西"[1]。因此，当听觉符号把时间作为主要的结构力量、倾向与象征时，产生了音乐；当视觉符号把空间作为主要的结构力量、倾向与图像时，产生了雕塑、建筑等艺术形式。

研究人行桥的符号意义，就是恢复其在文化中应有的地位，从更深的层面上研究人行桥的艺术价值，探讨该价值的意义表达方式和途径。符号学的研究基础是"能指"与"所指"。索绪尔认为，在语言体系中，"能指"指语言的声音形象，"所指"指语言反映的事物概念。某个特定的能指和特定的所指的联系不是必然的，而是约定俗成的，即符号的任意性[2]。如果将人行桥作为一种符号的话，其"能指"指具体的人行桥形象，

---

1. Umberto Eco. *Foucault's Pendulum*[M]. Mariner Books, 2007:39.

2.（瑞士）索绪尔. 普通语言学教程 [M]. 刘丽译. 北京：九州出版社，2007:8.

而"所指"则指在具备一定专业知识和技术的基础上，对人行桥中包含的艺术的提炼。人行桥的"能指"符号意义是研究其"所指"艺术性的基础。对人行桥"所指"符号的创造，在不断发展的形式中，形成一种自主的"结构"过程，并产生持续构造的力量。建筑是一部石头的史书，意味着构成建筑的"石头"凝聚了"历史的信息"。构成人行桥的"石头"同样如此，不仅可以使用，还有意义，是历史信息的载体。

人行桥对历史的记录，不能像语言那样以文字为载体，但是在信息交流层面，它却类似语言。它同样具有表达的功能，其中的视觉记号或符号决定了其使用语境。符号作为指代意义的意象，可以是图形图像、文字组合，或是一种思想文化、一个事件人物[1]。若将人行桥看作是城市的历史符号，那么桥上的装饰细部（栏杆、雕塑、铺地……）就是人行桥的历史符号。研究人行桥的符号意义，不在于它作为功能产品的使用性质，而在于它有信息，承载了不同时代的信息，作为一个图像形式产生了符号学的象征意义。

以人行桥上的栏杆为例，我们都知道，栏杆最早是作为人行桥的结构部件，此后逐渐演变为具有装饰意义的附属构件。在不同的时代，不同的人行桥中，栏杆的材质、形式、式样都会变化。从最早的绳索、木栅栏，到后来的石砌、砖砌、铸铁，以及现代的玻璃、碳纤维，栏杆具有特定的象征意义。这就意味着人行桥栏杆有两个层面的含义——首先是结构造型层面，其次则是其象征意义的层面。通俗地讲，每一种栏杆形式都对应着特定的历史时期 [图5.6]。

图5.6 19世纪初期，威尼斯人行桥的栏杆流行式样，铸铁制成（左）；19世纪后期的铁质栏杆，扁铁焊制（右）
资料来源：作者自摄

1.（美）帕特里克·弗兰克.视觉艺术原理 [M].陈蕾译.上海：上海人民美术出版社，2008:23.

5.2 历史上的异样

历史上不论什么时期，总会出现一些特殊的、为了一些特殊原因或是利用特殊条件而建造的"异样人行桥"。这样的称谓并非是贬义的，"异样"不是意指丑，而是为了突出其与众不同的特殊性。当我们遇到不常见的、难以理解的、超出个人经验或习惯的形式或式样时，"异样"和"怪诞"便成了最有效的托词。"异样"的例子在建筑中存在，在产品中存在，在绘画中存在，在音乐中存在，在人行桥中当然也存在。

"异样"和"怪诞"不是无意义地盲目堆积，而是采用夸张、扭曲等艺术手法，以"异样"的形式出现[1]。艺术创作的本质就是创造性，需要在一定程度上打破常规。"异样"人行桥虽然以非常规的形态出现，但它们无一例外是设计师在一定审美思想和情趣下，根据作品的内容设定和创作主体内在的情感需要创作出来的，只是这种特殊的情感如此强烈、特殊，无法用常规形式来表现，不得已用非常规的形式表现出来罢了[2][图5.7]。

图5.7 马塞尔·杜尚给蒙娜丽莎加上了胡子[3]
资料来源：*Marcel Duchamp: 1887-1968; Art as Anti-Art*

5.2.1 "异样"的来源

人类的精神活动，创造了神灵的世界，也创造了恶魔的世界：有神仙亦有鬼怪；有真、善、美，也有假、恶、丑。从根本上说，艺术美是艺术家才智的结晶，是一种理想的表现。当原生态的自然美和人性美通过艺术方式表达出来时，它就成为艺术美。雨果在《克伦威尔》的序言中强调了"异样"和"怪诞"的重要性。他指出，造物主创造万物并非都是美丽的事物，美之外还有丑，雅致之外有畸形，崇高的反面有怪诞，黑暗的背面是光明。如果所有事物都是美的，那就太单调了。同一印象重复又重复，会使人疲倦。正如他的名言："美只是一种形式，而丑有千万种"。"异样"的价值建立在对比之上，也就是说，"异样"只能在复杂结构中显示其意义，脱离了其他参照物也就失去了意义。雨果的观点虽然能够解释个别"异样"的事物，但是尚未能触及"异样"所蕴含的人类精神的实质。

1. 刘法民 . 怪诞艺术美学 [M]. 北京：人民出版社 , 2005:7-12.
2. 同上。
3. 杜尚给达·芬奇的经典画作《蒙娜丽莎》添加胡子，其本意是提醒人们不要把过去的经典看得太重。看似轻轻的一笔无疑凝聚了杜尚在艺术道路上的心酸，这种"玩世不恭"与达达主义的精神一脉相承，即与过去和经典的决裂。参见：王天兵 . 西方现代艺术批判 [M]. 北京：人民美术出版社 , 1998:35-40.

黑格尔认为"美是理念的、可感觉的外形或表现"[1]，哲学上的表现为形而上的普遍界与具有一定内涵的特殊界相结合。艺术品的形式与内容必须一致。若理念与形式之间不能构成完全而恰当的结合，那么扭曲外形以表现其理念就会造成畸形和怪诞。

对艺术家和创作者精神状态或心理状态的分析就是研究怪诞艺术理论中的另一重要派别。柏拉图在《斐德罗篇》中指出诗人是一种癫狂，即诗人具有异于常人的特殊的心理状态，这与管子"专于意，一于心"[2]中的境界颇为相似。弗洛伊德则干脆把艺术家归为精神病患者，将艺术创作看作是潜意识的、不自觉的流露，称艺术家沉浸在一个与常人疏离的世界[3]。

原始艺术中的"怪诞"和"异样"是原始初民理性世界混沌与贫乏的反映，是他们内心无助与恐惧的真实写照，如早期印度人为显示他们的抽象宇宙观，而把感官形式夸张，使之巨大和扭曲[4]。对现代人来说，世界变得更加丰富多彩，然而烦恼、恐惧却依然存在。例如，人类发明了计算机，但是计算机的广泛应用却让人们的思考能力大大降低，喧嚣、忙乱的都市生活使人们无法摆脱焦虑、失望、恐惧等负面情绪 [图5.8]。

"异样"和"怪诞"艺术有着社会和个人的两重性格：一方面，它显现特定时代、特定环境的精神面貌；另一方面，它又呈现艺术家自身独特的心理状态。艺术家或多或少总带着某种特殊气质，甚至会带有一些反常性。当艺术家的个人主观想象程度越来越大时，他会对来自现实世界的材料作变形、扭曲等处理，在艺术处理中融入自己最大的想象，从而完成一种纯精神的创造 [图5.9]。

图5.8 早期人类的艺术创作充满夸张
资料来源：作者自摄

---

1. 黑格尔 . 美学（第二卷）[M]. 上海：商务印书馆，2006:6.
2. 见《管子·内业篇》
3.（美）斯佩克特 . 弗洛伊德的美学——艺术研究中的精神分析法 [M]. 高建平译 . 成都：四川人民出版社，2006:164-168.
4.（美）帕特里克·弗兰克 . 视觉艺术原理 [M]. 陈蕾译 . 上海：上海人民美术出版社，2008:27.

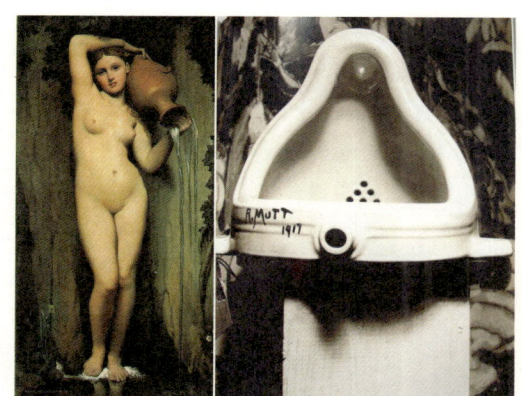

图5.9 从安格尔的《泉》到杜尚的
《泉》
资料来源: *Treasures of the Louvre,
Marcel Duchamp: 1887-1968; Art as
Anti-Art*

5.2.2 解读"异样"

"异样"的作品几乎在每个设计领域中都存在，独特的个性和形式彰显了设计者的个性，照鉴出一个作品的风格。独到的设计观念、设计思想和设计手法都是"异样"作品的源泉，而"异样"作品的意义在于对传统设计观念与意识造成冲击，其价值在于实验性。

1851年，人类历史上第一次世界性的博览会诞生了玻璃和钢筋组成的"庞然大物"——水晶宫。水晶宫对于建造技术和材料来说，无疑是具有划时代意义的。若要在短时间内建造如此体量的建筑，依靠传统技术和传统材料根本是不可行的。然而，这个技术进步的结晶却遭到人们的斥责，人们认为"没有灵魂的机器是所有重复和人间罪恶的根本原因"[1]。对机器化、工业化的反对也直接导致了后来约翰·拉斯金（John Ruskin）和威廉·莫里斯（William Morris）倡导的"工艺美术运动"（Arts & Crafts Movement）。拉斯金肯定想不到，工业化的脚步要快得多，仅仅100年后，钢筋和玻璃却已经成为建筑形式发展的主流 [图5.10] [图5.11]。

现在看来，水晶宫重要的历史意义在于，它把钢铁和玻璃从纯结构的实用材料的高度提升到艺术和美学的高度。如果没有水晶宫，也就不会有后来的玻璃幕墙，不会有密斯学派……如果没有密斯在范思沃斯住宅的实验探索，没有西格拉姆大厦和TD大厦，也断然不会有SOM的利华大厦这样的作品。密斯、约翰逊和SOM是沿着水晶宫开创的道路，使玻璃和钢筋更符合各种不同功能、不同地域的需要,使玻璃和钢筋普及化。

1. 王受之 . 世界现代设计史 [M]. 北京：中国青年出版社，2002:45.

图5.10 1851年水晶宫博览会
资料来源：《工业设计史》

图5.11 TD大厦，加拿大多伦多，
1967年
资料来源：
Toronto Modern: Architecture

　　巴塞罗那是高迪（Antoni Gaudí）主要的创作城市，几乎所有他重要的作品都在巴塞罗那，如米拉公寓（Casa Milà）、圭尔公园（Park Güell）、巴特里奥之家（Casa Batlló）、圣家族大教堂（Sagrada Família）。现在看来，这些作品都是一件件天才之作，但是当时却遭到世人的嘲笑。讥讽和嘲笑甚至一直延续到高迪死后，很多人形容高迪的作品是怪诞、荒唐、过分夸张的。高迪正是出于对大自然的热爱和平日的细心观察、积累，才能创造出这些惊人的作品。他认为自然界没有直线存在，即使有也是一大堆弯曲线造型转换而成的。高迪喜爱大自然，特别注意动物、植物及山脉的造型。他观察入微，他所看到的自然美并不是刻意的美，而是具有效用的美，所以他寻找到了他所要的美感——自然就是美，美即是实用性，实用即是自然的存在，自然即是实用的展现。如果用现在的流行观点来看，高迪显然是醉心于生态设计的，且不论他的建筑作品，单看他的那些设计精妙的家具产品，无不是从自然的角度出发，符合人体工程学的座椅，贴合手掌曲线的扶手[图5.12][图5.13]……

　　1990年，当菲利普·斯达克（Philips Stark）为意大利著名的家居产

图5.12

图5.13

图5.12 高迪为巴特里奥之家设计的
家具
资料来源：作者自摄

图5.13 巴特里奥之家富有动感的楼
梯
资料来源：作者自摄

品制造商阿莱西（Alessi）设计的"萨里夫先生"（Juicy Salif）——一
个长着三条腿的铝合金柠檬榨汁机问世的时候，谁也不会料想这个看似
奇形怪状的东西会引发工业设计界的大震荡。不仅是因为它奇特的造型
突破了以往关于榨汁机的任何联想，还在于他游刃有余的设计方法和创
作态度。斯达克的作品中透着些许成人世界中缺乏的顽皮与幽默 [图5.14]。

从历史进程看来，水晶宫的大面积玻璃、钢铁柱梁，高迪的曲线造型，
斯达克的夸张、怪诞，在诞生之初都很难被世人接受，他们的作品更像
是个人理想的实验性尝试，然而，正是这些异样的、先锋的尝试，为后
来者的实践奠定了基础。可以说，这些异样的、实验的设计与后来的实
践之间存在着相互依存、相互促进的关系。"异样"、"怪异"与"时尚"、
"流行"也许只有一步之遥，它们出现的原因是多种多样的，表现出设
计者独特的设计哲学，"变化施为，旨极奇姿"[1]。

5.2.3 创造下一个经典

对于威尼斯人来说，在大运河上建第四桥意味着什么？当然是改
变！第四桥由圣地亚哥·卡拉特拉瓦设计，意味着什么？意味着疯狂！

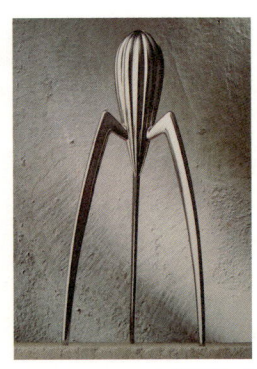

图5.14 Juicy Salif 柠檬榨汁机
资料来源：*Philips Stark*

1. 鲁迅 . 中国小说史略 [M]. 北京：人民文学出版社，2006:164.

威尼斯人对这座桥的情感是复杂的，他们渴望威尼斯有所改变，新桥的建造意味着与大陆的联系更加便捷，另一方面他们又希望这种改变是含蓄、收敛的。一座看似骨架般的"长龙"显然与他们的预期是不相符的，远超预算的造价和漫长的施工周期以及高额的维护费用更是人们批判该桥的严词厉证。

普通百姓的看法尚且如此，再看看专业人士吧！"这座桥好比是给威尼斯穿上了范思哲的时装！"这是一个精彩的比喻，那么到底是怎样的一件范思哲时装 [图5.15] [图5.16]？

图5.15 威尼斯大运河上的第四桥
资料来源：作者自摄

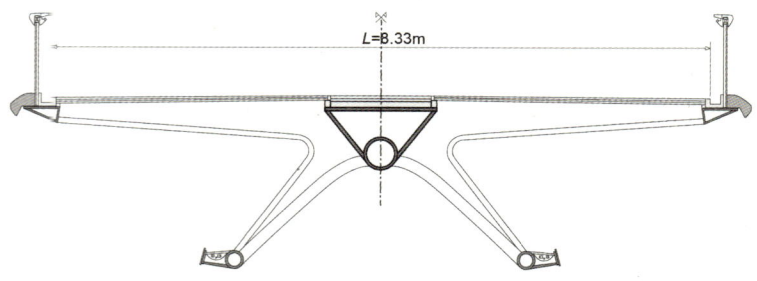

图5.16 宛如动物脊柱的构造节点
资料来源：Tobia Zordan
（Bolina 设计公司）提供

威尼斯人对待新兴事物的态度是保守的。那些跨越小河道的小桥尚且如此，桥头的雕塑、围护的栏杆，甚至连拱顶的腐蚀都数百年来还是原模原样地保留着。威尼斯人对于卡拉特拉瓦的担心确是可以理解的，看看大运河，除了500年前修建的里亚尔托桥之外，火车站桥和学院桥都是至19世纪末才建造的，这两座桥原本较为现代的形式，后来又均被重新修正过。是威尼斯不想改变，还是不愿改变？有人说，威尼斯的魅力在于这里让人可以像中世纪的人一样生活，没有喧嚣的汽车、浮躁的人群、令人窒息的钢筋水泥森林 [1]。威尼斯的美是含蓄的，蕴含在一砖一瓦之中，蕴含在静静流淌的河水之中，也正是为此，卡氏在威尼斯掀起的文化意识冲突在所难免 [图5.17]！

图5.17 典型的威尼斯河道上的人行桥被很好地隐藏在环境中，与周围融为一体
资料来源：作者自摄

卡氏最为人乐道的，是将艺术化的结构作为主体的情感表达方式，发掘雕塑性的建筑结构艺术。在形式上追求真诚表现结构受力和材料特性，整体构成有机的建筑形象。这些特点在第四桥上都被淋漓尽致地表现出来。动感十足的抽象形式为空间创造了更高的自由度，你可以把它想象成动物骨骼、循环系统、植物筋脉等任何联想到的有机形态。这些显然与威尼斯式的表达方式截然不同。在威尼斯的人行桥中，几乎没有外露的构造节点，那些内部是混凝土构造的结构都被小心翼翼地由红砖和涂料隐藏起来了。人们在这些人行桥上的情感表达是通过桥上的装饰一层层慢慢剥离出来的。它们不是那么张扬，不会那么不可一世、不顾你的情感地跳入你的视界。这些情感符号被很好地隐藏在环境中，可以是可视的抑或是隐形的 [图5.18]。

再来看看第四桥，它的情感是建立在建构的基础之上，结构受力的内在规律带来的强烈空间表现性，不仅传达了结构内部的受力特征，也创造了全新的感官体验。与威尼斯其他桥梁希望隐藏在环境之中不同的是，卡氏没有想隐藏第四桥的任何特征，他希望它成为环境中的"异类"。结果也的确如此，与环境的格格不入恰恰是人们对该桥最直观的感受。

---

1. Umberto Eco. *Il Ponte dell' Accademia a Venezia 1843-1986*[M]. Il Cardo, 1998:92.

图5.18 威尼斯大运河上的第四桥桥底——完全裸露的结构骨架
资料来源：作者自摄

如果说卡氏完全没有顾及威尼斯的城市文脉显然是有失偏颇。在色彩和材质上的考虑体现卡氏大胆中的细腻心思；暗红色的"骨骼"与威尼斯城市主体的砖红色契合；透明铺装是为了让游人更好地欣赏流淌的运河水。试想一下，在一座砖石或混凝土构筑的桥梁上欣赏运河的风貌，怎能与里亚尔托桥、学院桥和火车站桥相比？卡氏试图营造一个全新的体验城市文脉的场所，在城市的入口处，仿佛飘在运河之上的体验！

从形式上、构造上，以及与周围环境的关系上，第四桥都是"异样"的，但是这丝毫不影响它成为威尼斯新的城市地标，卡拉特拉瓦自己也许没有料到如今第四桥已被称作"卡拉特拉瓦桥"，谁又能否认它可能成为大运河上的又一个经典？

5.3 与历史文化的共生

如同人类有新陈代谢、日夜有交替更迭，人行桥也有自身的生命印迹。作为见证历史的实物，人行桥不仅反映了建造时代的社会生产力，也是对同时代历史流变中由于外部环境相互作用而在桥梁本身留下的痕迹。从痕迹的作用结果看，可以分为物质生命印迹和精神生命印迹两种。物质生命印迹是指人类在桥梁物质肌体上留下的自然或人工作用印迹，风化侵蚀、战争损毁等可被视为破坏性的物质生命印迹，修补、加固等可看作建设性的物质生命印迹。

时代在桥梁上的烙印正是现代人应该珍视的历史和文化价值。随着人行桥在城市建设中地位的提升，那些赋有故事性、情节性的"老桥"也成为现代人行桥设计中的一个关注点。通过对人行桥的改造与再利用，将其隐藏的文化内涵揭示出来，将文本中深厚的文化从历史沉积中剥离出来。正如今人对罗马城的惊艳献词都是建立在古罗马的一处处废墟、遗址上，历史记录的真实才让它们显得如此恢宏、深沉。

5.3.1 纪念过去

巴尔干冲突结束后，克罗地亚小城利耶卡（Rijeka，Croatia）举办了一个建筑设计竞赛，目的是建造一处纪念碑，用以缅怀前南战争中守卫利耶卡的英雄以及此后在斯雷布雷尼察屠杀（Bosnian War）中牺牲的平民，除此之外，还需建立一座跨越宽约 40m 河道的人行桥。通过几轮方案比选，来自札格拉布（Zagreb）的设计事务所 3LHD 最终赢得实施其设计方案的机会，设计了利耶卡纪念桥（Memorial Bridge）。

设计首先要考虑的是如何在利耶卡的历史中心和之前的港口之间建立联系，场地的东面为一片城市公共绿地，人行桥在此处的作用除了联系交通之外，就是如何恰当地表达纽带作用，且不能在环境中喧宾夺主。真正的挑战在于如何处理纪念性质和结构形式之间的平衡关系。最终建成的纪念桥由两个部分组成：一个小型广场和一座人行桥。小型广场上不规则分散着几个单臂支撑的长凳，人行桥的东边尽头处竖立着一块一分为二的混凝土碑。人行桥全长 47m，主跨长 36.4m，宽 5.4m。

设计师巧妙地使用一个"L"形混凝土构件组成水平向的桥体和垂直向的纪念碑。桥体由铝制箱梁组成，外部由与混凝土石碑相同质感和色彩的混凝土包覆，形成一个整体，体现相同的重要性。12m 高的混凝土板指向天空，中间被一个 1.1m 宽的狭缝分割成两片。桥面延伸至此处后，一条深褐色的条带取代之前的浅灰色混凝土向东方展开。尽管混凝土碑上没有任何字母和符号说明，但是垂直高耸、纯几何线条的形体显然比任何语言都更有震撼力和说服力。试想一下，开裂的石碑、狭小的缝隙、强烈对比的色彩，除了思考还能做什么呢？石碑的缝隙在光照的作用下，随着太阳照射的不同位置，在地面上折射出一道长长的光影，与地面上独臂条凳形成的光影相呼应，这正是设计师的用心所在——重新思考历史，重新思考人生，重新思考人与人之间的关系。极简主义的处理手法带给我们的却是超乎想象的人生思考 [图5.19]。

5.3.2 叙述现在

图5.19 利耶卡纪念桥
资料来源: *Footbridge*

西班牙特雷卡特河 (River Trencat) 上有座同名的石拱桥 (Pont Trencat)，在 1811 年的拿破仑战争中，不幸成为敌军攻击的目标，因此被当地的军事力量破坏了。此后的百年间，这座饱经战火的残桥又不断遭受着风和雨的侵蚀，仅存的一个拱跨也是岌岌可危。1996 年，在当地文物保护部门的呼吁下，政府决定对此桥整修一番。

由于特雷卡特桥在西班牙历史上有过辉煌的一页，因此，对此桥的修复意见也争论不一。一种说法是原有的桥梁结构已经不具有实质的作用，存在很大的安全隐患，赞成将此桥拆除重建一座与原桥一模一样的新桥；另一种观点则认为特雷卡特桥的价值就在于历史遗留的痕迹，抹去这些痕迹，特雷卡特桥也就不具任何意义了。西班牙年轻的结构工程师夏维尔·方特 (Xavier Font) 受委托参与了该桥的重建工作。不同于以往的做法，夏维尔提出了一个全新的设计方案——在保留老桥遗址的基础上只新建损毁部分，且更为大胆的是，夏维尔用强烈的对比来诠释自己对历史的理解 [图5.20] [图5.21] [图5.22]。

李格尔 (Alois Riegl)[1] 和波依多 (Camillo Boito)[2] 关于历史遗存的态度

1. 李格尔是 20 世纪维也纳学院派的代表人物，其主要学术贡献在于提出艺术史研究需通过完备的史料证据加以论证，此外对后来建筑符号学的发展也有重要影响，尤其是 20 世纪后期的后结构主义思潮的主要理论支持即为李格尔的相关建筑理论。Christopher S. Wood. *Vienna School Reader: Politics and Art Historical Method in the 1930s*[M]. Zone Books, 2003:94-95.
2. 波依多（Camillo Boito）是 19 世纪 80 年代意大利著名的文物保护专家，主张必须通过准确详实的历史考古研究，根据正确考证对文物古迹进行修复，指出古迹文化不仅是艺术品，也是文明史和民俗史的见证。尊重古迹现状绝不是片面地添加和还原原貌，一切改变都应清楚标明，以免真伪混淆，造"假古董"。Barry Bergdoll. *European Architecture 1750-1890*[M]. Oxford University Press, 2000:304-312.

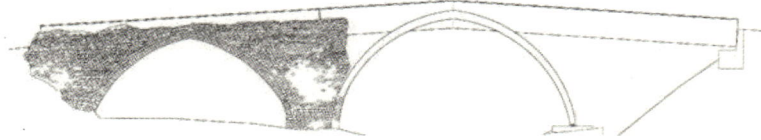

图5.20
图5.21　图5.22

图5.20　"新"与"旧"的对比
资料来源：
Restoration of the Pont Trencat

图5.21　由"现在"遥望"过去"
资料来源：
Restoration of the Pont Trencat

图5.22　不同材质间相互映衬
资料来源：
Restoration of the Pont Trencat

显然影响了夏维尔，"当我们不得不重现那些历史场景的时候，与其建造假古董，倒不如用现代人的方式表现出来"[1]。

事实上，随着毁坏的时间越来越久远，人们对于特雷卡特桥原来的记忆也逐渐模糊。人们并不在意特雷卡特桥形式是否忠于原型，而是在意他们对于该桥的记忆是否能够留存。夏维尔的做法则正好响应了人们的内心呼唤——不仅恢复了该桥的使用功能，保留了原始的结构，而且还添加了现代文明的痕迹。改建的过程即是空间重组的过程，新形式与老形式始终保持着自己的独立性。改造后的特雷卡特桥比老桥更具吸引力的原因在于，既保存了历史的真实，又通过新的使用者营造了一种独特的情景空间。尽管历史不能重现，通过改造，在新的情景中获得了一种文化与地域的归属感和认同感。正如英国哲学家费尔顿讲到"生命延续性意识的强弱取决于社会被历史激发的程度。文物建筑和居住区形式对这个激发过程起着很大作用……除少数例外，大多数人认为最好住在一个充满记忆的环境里。"[2] 新建的空间对于我们来说是现在，对于未来的人来说也许就是历史！

1.（英）B.M. 费尔顿 . 欧洲关于文物建筑保护的观念 [J]. 世界建筑 , 1986:3.
2. 同上。

当代人行桥设计的风格与流派
The Design Practice of Contemporary Footbridges

我们把风格用于品评一出新戏和一位太太的帽子式样。我们经常把区分艺术最精微细致的差别的那些特征称为风格。例如，我们会说"40年代风格"，有时候我们又把整整一个大时代或者几个世纪的特点称作风格，如"埃及风格"或者"文艺复兴风格"。在这些例子中，我们都考虑到那些现象中存在着一种可以识别的天然的一致性。

——金兹堡 [1]

人行桥设计与创作、欣赏与品评不能回避的一个问题就是人行桥的风格。也许有人会对此不屑一顾：人行桥无非是一种交通途径，何来风格问题？尽管试图回避，但我们仍不得不承认当面对那些具备鲜明识别特征的人行桥时，在无意识间我们已经为它们贴上了各式风格的标签。严谨的德国人善于设计细节精良的人行桥，浪漫的意大利人喜欢造型夸张、大胆的新颖设计，日本的人行桥多取材于当地……根据地域来区分不同的人行桥风格只是一个粗略的划分方法，落实到细节的话，可以发现，越来越多的设计师已经逐渐确立了自己鲜明的风格特征；如英国的威尔金森、德国的施莱希、西班牙的卡拉特拉瓦等享誉世界的桥梁设计大师；他们让人行桥超越了结构和技术层面，成为艺术情感的再现，人们更愿意将这些美丽的人行桥当作艺术品来看待。

施莱希、卡拉特拉瓦、盖里和哈迪德是目前活跃在人行桥设计领域的几位重量级设计大师，他们的足迹遍布世界各地，作品也不仅局限于人行桥设计。他们之所以享誉世界，其设计作品之所以打动人，除了具有鲜明的个人风格外，更重要的是透过这些各异的桥梁形态，显现出丰富的文化内涵。所谓人行桥的文化内涵，不仅指桥梁所处的地理环境状况、桥梁的营建状态，更多的是从社会学、文化学的角度表现出的一种综合气质。人行桥是人的产物，是人类文化的产物，更是人类群体的社会化产物。只有那些符合社会历史时期和文化观念意识的作品，才能在时间进程中延续自己的生命，也只有那些能够鲜活地显示地域、民族精神和内在意志的人行桥才具有真正的社会价值 [图6.1]。

1.（俄）金兹堡. 风格与时代 [M]. 陈志华译. 西安：陕西师范大学出版社，2004:3.

6.1 结构的艺术——施莱希的人行桥设计

图6.1 法国宫廷服饰《玛丽皇后》（剧照）
资料来源：翻拍自 *Vogue*

　　长期以来，德国的设计在设计界占有举足轻重的地位，德国的设计不仅影响到世界现代设计的发展，其设计理念也对世界设计理念和设计理论的形成起着至关重要的作用。德国对于设计的理性态度，以及设计忠于社会性的目的，使德国的现代设计具有非常完备的思想体系和技术结构。在人行桥设计方面，对技术和结构追求的理性主义思想一直左右着现代德国人行桥的发展，特别是二战以后，那些百废待兴的城市急需基础设施的建设，建筑物尤其是大型结构的修建一方面是国家振兴的希望，另一方面从战争的阴影中走出的老百姓也希望通过重建家园寻求心灵上的慰藉。在此背景下，德国不仅出现了很多优秀的人行桥作品，更是涌现出以约克·施莱希（Jörg Schlaich）为代表的许多以民族利益和社会职责为己任的桥梁大师。

施莱希的人行桥作品以追求结构性能合理、造价低廉、力学精美著称，是现代人行桥设计思潮中理性主义的代表。正如他自己所言，"丑陋的结构不仅破坏我们的环境，更可能让人越发憎恨技术……在这个越来越多的建筑物由结构工程师设计的年代，结构工程师不能对这个问题置之不理，或是将问题推给建筑师"[1]，"结构工程师的任务在于以社会和文化之名创造美，我们应该且必须创造美"[2]。在施莱希看来，创造美的环境和真实的结构形式是所有设计师的社会职责。

欣赏施莱希的人行桥作品，很难不去注意那些简明清晰的结构特征。然而，在那些轻、薄、甚至"透明"的形式背后，是施莱希对人性的关怀、对内心情感的思考。当人们还没有意识到原来身边的"小桥"可以造得这样精美的时候，是施莱希第一个将人行桥从桥梁工程体系中独立出来，认为人行桥的设计不能与其他类型桥梁相同，应当充分考虑使用者——人的心理需求。从社会成本的角度看，与其他结构艺术大师的作品相比，施莱希的作品都相对经济，如若有超出预算的情况，也往往是为了增加桥梁整体的优雅和视觉或技术的趣味性。正如施莱希所言，"我们所作的努力，不仅要使它们满足最基本的功能要求（跨度、坡道、楼梯等），而且要让这些桥看上去更轻、更薄。[3]"设计上的突破源自方法上的突破。施莱希和他的团队通过努力，利用加强混凝土板和高强度的拉索创造出各种形式的索结构人行桥。施莱希及其团队创造的后锚式和自锚式的人行桥不仅形式上更为多元化，可以根据实际需求变化主体的结构形式，具有更高的灵活性，在工程造价上也比其他形式更为经济 [图6.2]。

图6.2 斯图加特马克斯埃特湖人行桥
资料来源：
The Art of Structural Engineering

1. Alan Holgate. *The Art of Structural Engineering*[M]. Axel Menges, 1997:12.
2. Alan Holgate. *The Art of Structural Engineering*[M]. Axel Menges, 1997:9.
3. Alan Holgate. *The Art of Structural Engineering*[M]. Axel Menges, 1997:198.

　　施莱希的人行桥设计起步于德国斯图加特，他在那里留下了许多重要作品，如 1977 年他在罗森斯坦（Rosenstein）为"联邦花卉展览"设计的 3 座风格迥异的人行桥、1986 年辛德尔芬根（Sindelfingen）阿登奥尔大街人行桥（Konrad-Adenauer-Strasse）、1989 年的马克斯埃特湖人行桥等。从早期施莱希的作品中，我们已经可以感受到施莱希对结构艺术化的追求，通过合理的力学手段还原真实的结构（honest structure）[1]，结构体的美学意象不是来自结构本身，而在于它与周围环境之间的关系是否和谐。冲突与矛盾都会让桥梁自身不自觉地成为主角，这显然不是施莱希所期待的，隐形的、不可见的结构体系才是人行桥应有的面貌 [图6.3]。

6.1.1 风格形成的原因

图6.3 德国萨斯内茨港人行桥
资料来源：*Footbridge*

　　施莱希的人行桥作品注重表现其工业化、技术化的设计特征，主要表现在：其一，提倡采用新材料——高强度钢、高强度混凝土、铝合金等——来制造体量轻、用料省的人行桥，这一理念几乎在施莱希的每个作品中都有体现，从 1961 年斯图加特的申勒人行桥（Schiller Footbridge），1977 年在罗森斯坦（Rosenstein）植物园的 3 座人行桥，1987 年科勒海姆人行桥（Kelheim），到最新的巴黎拉·德芳斯的人行天桥。其二，通过技术合理性表现空间灵活性，以达到所需的美学效果，这其中首推杜伊斯堡（Duisburg）内港的活动桥和基尔（Kiel）的折叠桥。其三，强调新时期的结构艺术应该考虑技术的因素，力求使工业技术接近

1. Sophia Psarra. *Architecture and Narrative: The Structure of Space and Cultural Meaning in Buildings*[M]. Rouledge, 2008:15-18.

人们的生活方式和审美习惯，让使用者容易接受并产生愉悦感。尽管施莱希强调技术主导的艺术观、美学观，但是适宜的技术则是其人行桥艺术表达的最主要概念，他无时不在强调自己采用的是适宜的技术，在寻求技术与艺术间的平衡点。在施莱希众多的人行桥作品中，我们不难发现其艺术思想的形成主要来自三个方面的影响。

第一，包豪斯的影响。

出生于 1934 年的施莱希，童年几乎都是在战火的硝烟中度过的，在位于斯图加特东部的一个小村庄内，施莱希完成了他的小学课程。由于炮火的轰击，全家人甚至不得不一整年躲在防空洞中。童年的施莱希已经显示出对结构的极大兴趣，闲暇时光喜欢一个人在森林里用树枝搭建小木屋。父亲注意到施莱希的这个举动后，便将他送去当了一名木工学徒。19 岁时，施莱希结束了学徒的生活，并且顺利通过资格考试成为一名职业的木工工匠。正是这段经历训练了他对于结构细节的敏感度以及熟练掌握各种操作的技能，为他后来的职业生涯打下坚实而良好的基础 [图6.4]。

图6.4 杜伊斯堡内港的活动桥
（Duisburg Converible Bridge），
1999 年
资料来源：
The Art of Structural Engineering

除了学校的职业教育以外，家庭的熏陶造就了施莱希敏锐的艺术嗅觉。施莱希的母亲是一名狂热的包豪斯支持者，热衷于收集各种包豪斯的家具和其他设计作品[1]。除母亲之外，施莱希的姐姐也直接影响到其艺术观念的形成。施莱希的姐姐布里吉达（Brigitte Schlaich）曾经在斯图加特大学学习建筑，后又跟随密斯来到美国伊利诺伊理工学院继续深造，在美期间结识了后来的丈夫瓦特•皮特汉斯（Walther Peterhans），而皮特汉斯在魏玛包豪斯时期担任摄影课教师。在施莱希的家庭教育中，包豪斯是他最早的"艺术老师"。包豪斯的设计哲学整体上主张功能主义、现代主义，强调技术与艺术的结合，但是对技术与艺术在设计中的关系

---

1. Alan Holgate. *The Art of Structural Engineering*[M]. Axel Menges, 1997:12.

和地位却有着十分含糊不清的地方，而这也恰恰注定了施莱希的设计追求精良的结构和功能特征，科学性、技术性和艺术性并存的现象。由此可以看出，包豪斯设计风格直接影响着施莱希对技术和艺术的最初认识[图6.5][图6.6][图6.7][图6.8]。

第二，德意志制造联盟与技术美学。

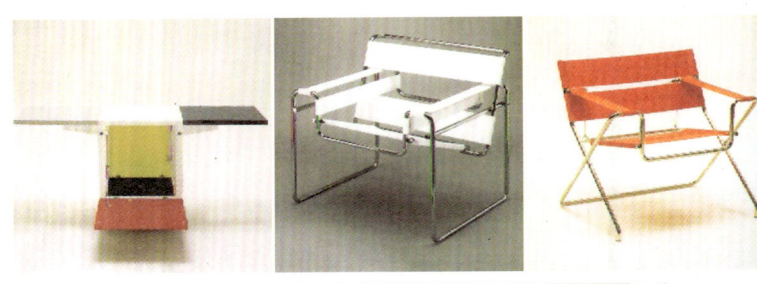

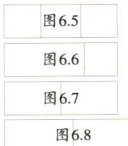

| 图6.5 |
| 图6.6 |
| 图6.7 |
| 图6.8 |

图6.5 1923年魏玛包豪斯时期，布劳耶设计的家具
资料来源：《工业设计史》

图6.6 施莱希的许多作品具有明显的包豪斯风格（斯图加特布拉格萨特尔人行桥Ⅱ，Stuttgart Pragsattel Ⅱ，1992年）
资料来源：www.sbp.de/

图6.7 施莱希的许多作品具有明显的包豪斯风格
资料来源：www.sbp.de/

图6.8 基尔—霍恩的折叠桥（Kieler Horn Folding Bridge, 1997年）
资料来源：作者自摄

施莱希真正意义上的职业教育正值德国战败，百废待兴的时期。20世纪40年代末、50年代初的一系列政治变化，加重了德国的不稳定感。虽然战争结束了，但是满目疮痍的德国面临着基本被摧毁的国民经济，重建的任务艰难而困苦。在此社会背景下，与当时许多有志于投身国家复兴的热血青年一样，施莱希决定继续结构工程的专业学习，然而他又割舍不下对艺术的热爱，因此，在斯图加特大学就读期间，他每周奔波于斯图加特大学与魏森霍夫建筑学校（Weissenhofsiedlung）之间。与其他结构工程的同学相比较，除了完成结构工程所需的课程，施莱希也几乎同时完成了建筑学所需课程。在魏森霍夫建筑学校学习期间，施莱希遇到了对他后来思想影响巨大的人——汉斯·坎摩尔（Hans Kammerer）。

汉斯·坎摩尔是德意志制造联盟（Deutscher Werkbund）的成员之一。作为德国第一个重要的设计组织，德意志制造联盟的宗旨是通过工业与手工艺的结合提高德国的设计水平，从创始人穆特修斯（Herman Muthesius）、现代德国设计先驱贝伦斯（Peter Behrens），到费舍尔（Theodor Fisher）、霍夫曼（Josef Hoffmann）等都在试图寻找"好的形式"（Good Form）[1]。关于"好的形式"最早在1907年被提出，但是由于战争期间，希特勒纳粹政府的独裁式反对和压制，对于此话题的探讨一度中断，然而战后出于经济复苏的需要，战前关于设计问题的研究和讨论开始复苏，希特勒时期遗留的标准化和规范化也让设计师们意识到这是让设计迅速与生产结合，为国民经济服务的有利途径。在当时那个特殊的年代，务实的德国人对"好的形式"达成了共识——形式与功能高度统一，根据物品的使用功能决定其应该采用的形式与材料。与此同时，德国高度发达的工业技术，让德国人对新的工业材料——水泥、玻璃、塑料等——都采取了非常积极的态度[图6.9]。

战后德国设计理论界还有一个重要思想——应用美学，也称技术美学。这是第一次把设计表现出的形态作为美学研究对象，认为美是可以通过观察和统计进行定量的，创造美实质上是一个科学的过程[2]。包豪斯的第二任校长汉斯·迈耶（Hannes Meyer）提出，美的原则必须是在理性的、科学的基础上发展。尽管这一时期的施莱希还未参与到真正意义上的结构设计建造中，但是这场席卷德国的学术界争论却让年轻的施莱希意识到材料与技术在设计中发挥的作用，特别是对"技术创造美"这一观点的支持。这也是为何在他长达半个多世纪的职业生涯中，一直孜孜不倦地追求通过技术手段去展现结构的艺术价值[图6.10]。

1. David Raizman, Laurence Pu King. *History of Modern Design*[M]. Prentice Hall Art, 2003:158.
2. 王受之. 世界现代设计史[M]. 北京：中国青年出版社, 2002:265-274.

图6.9 德意志制造联盟代表人物贝伦斯的设计作品，为德国通用电器设计的厂房及水壶（中间为德意志制造联盟的宣传海报）
资料来源：《现代设计史》

图6.10 通过技术展现美——霍尔茨明登人行桥
资料来源：www.flickr.com

　　第三，莱昂哈特（Fritz Leonhardt）的影响。

　　1955 年，通过芝加哥的著名建筑师古德史密斯（Myron Goldsmith）的介绍，施莱希与当时已经誉满全球的著名的结构专家莱昂哈特相识。莱昂哈特在结构方面的先进思想深深吸引了施莱希。1959 年，在结束了柏林的学业之后，施莱希返回斯图加特并且申请成为莱昂哈特的预备博士，继续"混凝土板在拱结构应用"方面的研究[1]。

　　战后，出于经济方面的考虑，莱昂哈特提出"轻型结构"设计理念，尝试利用钢材、预制混凝土等轻型材料设计满足强度的新型结构。虽然"轻型结构"概念在二战以前就有人提出过，但是一直没有付诸实施，直到 1962 年的瓦伊辛根人行桥（Enzsteg in Vaihingen, Germany），莱昂哈特与保罗·伯纳兹（Paul Bonatz）合作，将桥面板成功地从 52cm 减少到 50cm。这是人行桥技术史上一个大飞跃。在莱昂哈特看来，桥梁所

---

1. 施莱希于 1955 年在斯图加特大学获得基础学分后（Vordiplom），在柏林工大继续完成专业学分直到 1959 年。

应追寻的美学目标就是让结构体看上去不那么"结构"，他认为其设计的最大目标是让桥体尽可能地轻、薄。莱昂哈特对施莱希的影响无疑是巨大的，两人最早的合作始于汉堡的 Kono Boll 悬索桥，之后的汉堡电视塔是施莱希第一次参与大型结构的设计，并且得以将自己此前关于壳体结构的研究成果应用于实际。自 1967 年，施莱希成为莱昂哈特事务所的合伙人之后，两人的合作包括斯图加特基乐斯山观景塔、太阳能发电站、蒙特利尔世博会德国馆等许多重要建筑。事实上，两人合作的人行桥作品并不多，1961 年斯图加特的申勒人行桥（Schiller Footbridge）和 1977年的罗森斯坦公园人行桥（Footbridges in Rosenstein Park）是其中非常具有代表性的作品。这几座人行桥都传递着莱昂哈特将人行桥作为"自然和技术效益结合代表"的思想。令人惊喜的是，施莱希在人行桥结构与构造的艺术表达上显然比莱昂哈特走得更远。莱昂哈特注重桥梁体量的变化，而施莱希则将注意力转向形态本体的意义，更为执着地研究桥梁的桥面、拉索、桥塔等更为本质的变化和复杂性，并通过对结构的特殊处理加以表达，从而设计出这些看似"简单"的"复杂"体 [图6.11]。

图6.11 斯图加特罗森斯坦公园人行桥
资料来源：*Footbridge*

6.1.2 代表作品评析

"人行桥对于构建城市环境非常重要。不幸的是，我们总是无视它们的存在，那些丑陋、麻木的设计，粗笨的楼梯、坡道，渗水的、甚至混着雨水和泥巴的预制构件，像阳台上的假树一般在装模做样地污染着我们的城市。事实上，我们在设计这些'小桥'的时候一定要小心翼翼。要考虑到残疾人的需要，坡道一定要足够长，除了满足有限的条件外，还要满足基本的照明、排水、冰冻等要求。当这些条件都满足后，我们自然就能得到基本符合需求的形式。接下来，当它们太大、太重时，需要在结构尺度和细节方面下工夫，让它变得轻盈……结构的形式不必事先确定，因为多样性是形式优美不可或缺的条件之一，形式的同一性令人乏味。"[1] "我们与人行桥的接触都是身体上的，它们的美与丑、轻与拙自然与我们息息相关。当它们跨越山涧、绿野、乡间小径时，我们要尽可能地让这些小桥符合人体尺度，让它们融入环境。"[2] 从施莱希的这些观点中不难发现，结构的艺术性是技术与功能高度结合的产物，他曾经不无自豪地说，"如果你见到一座几乎看不见的桥，那它一定是我们的作品"。

客观的讲，施莱希人行桥的艺术价值首先是从工程学的角度出发，即好的形式是解决了所有问题之后出现的必然结果，根据具体的功能和材料要求选择设计方式，其美观的外形会自行出现。他虽然继承了人行桥传统的结构性，但却摒弃了做作的表意性与象征性，成为非表现性的自我再现和自我表达。施莱希作品的形式是建立在一种客观化的几何逻辑基础上，他让人行桥从厚重的空间结构中解放出来，让人们更加关注人行桥本体的形态意义，通过简单形式的自我分析和解剖，寻求结构体作为艺术表达和思维的另一种途径 [图6.12][图6.13]。

图6.12 巴黎拉·德芳斯人行桥
资料来源：www.sbp.de/

图6.13 拉·德芳斯人行桥概念
资料来源：Fabrizia 提供

6.1.3 后续的设计实践

南卡罗莱纳州格林维尔市郊的一座人行桥是近年来出现的，具有非

---

1. Alan Holgate. *The Art of Structural Engineering*[M]. Axel Menges, 1997:206.
2. Alan Holgate. *The Art of Structural Engineering*[M]. Axel Menges, 1997:218.

常典型的施莱希风格的代表作。抛开周围景观环境，很容易将该桥与波鸿韦斯特公园内的人行桥相混淆。事实上，这两座人行桥都是施莱希事务所与建筑师事务所合作的结晶，两座桥都能看到施莱希结构艺术化理念的影响。为了更多地收纳自然景观，二者不仅采用了类似的悬索结构体系，弯曲的桥面、微微倾斜的桥塔在树影间若隐若现，而且两座人行桥都忠实地反映了施莱希关于结构体系各元素间的内在平衡关系。每一个元素的体量都被简化至最轻、最薄，狭长的桥面被桥塔轻轻地挑起，拉索完全隐藏在天空的背景之中，整座桥梁好似轻快地荡漾在溪谷之上。非对称的元素建构起基本骨架，一种清晰、规则、纯粹的造型艺术特质呈现在眼前。

站在桥上，传统人行桥上的围合感彻底丧失了，人行桥的几何性被重新定义。人行桥，这个原本人类与自然交流的界面成为了一个具有相当自由性的语言要素。不难看出，"结构让位于自然"是此类人行桥空间追求的目标，尽管没有直白的模仿自然形态，但是曲线、倾斜却都能让人联想到自然界中的某些事物 [图6.14][图6.15]。

图6.14 索结构的优良延展性丰富了人行桥的设计手法——波鸿韦斯特公园人行桥
资料来源：*Footbridge*

图6.15 落水公园内的自由之桥
资料来源：*Bridge Structure*

施莱希开创的结构艺术风格不仅影响了众多的结构工程师，许多建筑师也受其影响，特别是施莱希乐于接受挑战、勇于创新、善于合作的设计观念对之后人行桥设计的发展影响很大。1998 年建造的瑞士法尔孔岛 (Ile Falcon) 桥、2001 年英国康沃尔郡（Cornwall）伯德明海格瓦人行桥（Halgavor Footbridge in Bodmin）都是桥梁结构工程师与建筑师良好合作的结晶。这说明，人行桥已经跨越了结构领域，成为一种更加纯粹的艺术形式表达。

6.2 诗意的空间——卡拉特拉瓦的人行桥设计

自 20 世纪初以来，桥梁的设计一直被托付给了路桥结构工程师，建筑师退避三舍好像已成习惯。由于有了卡拉特拉瓦，全世界的建筑师们才忽然发现了新的课题，在 20 世纪 90 年代前后爆发了对桥梁进行建筑式设计的热潮。卡拉特拉瓦的桥梁以纯粹结构形成的优雅动态而举世闻名，展现出技术理性所能呈现的逻辑的美，而又仿佛超越了地心引力和结构法则的束缚。有的时候，他的设计难免会让人想起外星来客，极其突兀的技术美似乎全然出乎地球人的常规预料。这当然主要得益于他的建筑学和结构工程的专业背景 [图6.16]。

人们对卡拉特拉瓦的认识最早始于阿拉米罗大桥，这座跨越西班牙塞维利亚阿方索运河的斜拉桥彻底颠覆了我们对桥梁造型的惯有思维。作为 1992 年世博会的标志性建筑，从 1987 年动工建造开始，就一直受到广泛的关注。与常见的拉索对称式斜拉桥不同，借助桥面与桥塔的整体效应，以及 30 根高强度拉索的巨大张力，一座充满雕塑感的结构艺术品呈现在世人面前。阿拉米罗大桥的建成不仅是卡拉特拉瓦在桥梁设计界辉煌的开端，也诱发了此后大批设计师和工程师在桥梁形式上的探索。

卡拉特拉瓦将艺术化的结构作为主体的情感表达方式，着重发掘趋向雕塑性的结构艺术，从材料天然性质之中获取灵感，使之与新的美学意象相结合，并在实践中创造出与众不同的形象——充满这种结构理性激发出来的灵感。早期的卡拉特拉瓦更注重在形式上追求真诚表现结构受力和材料特性，这一点无论是阿拉米罗大桥还是毕尔巴鄂人行桥都表现得淋漓尽致。紧随其后的几件人行桥作品，卡拉特拉瓦在结构设计上并没有很大的突破，但是更注重整体构成上有机建筑形象真实反映结构

图6.16 西班牙塞维利亚阿拉米罗大桥
资料来源：*What is a Bridge？*

形态的逻辑关系，细部处理上结构构件形态客观遵循结构受力逻辑，通过技术美作为中介实现了自然美和艺术美的巧妙结合。无论是布宜诺斯艾利斯的慕耶尔人行桥（Puente de la Mujer）还是加利福尼亚的桑迪亚尔桥（Sundial Bridge）在结构形式上都没有突破阿拉米罗大桥，但是对卡拉特拉瓦来说，结构不单是解决技术问题的结果，结构已经成为由技术产生出艺术的崭新方法。卡拉特拉瓦将结构看成是创造美的建筑形态的艺术，结构形态成为他设计创作的出发点 [图6.17][图6.18][图6.19]。

6.2.1　风格形式的原因

卡拉特拉瓦1951年出生于西班牙瓦伦西亚的贝尼马米特 (Benimamet)，作为西班牙贵族的后裔，瓦伦西亚悠久的文化传统和崇尚变革的社会氛围都对后来卡拉特拉瓦成长为世界级的设计大师有着深刻的影响。他8岁进入巴伦西亚工艺美术学校学习美术；14岁时，母亲送他到巴黎学习法语；17岁到苏黎世学习德语，在异国他乡学习语言的经历极大地丰富了卡拉特拉瓦的文化视野。对年幼的卡拉特拉瓦来说，不同背景中的文化浸染满足了他强烈的好奇心，这也是此后他从巴伦西亚理工大学毕业后选择苏黎世联邦理工学院继续深造的原因之一。值得注意的是，卡拉特拉瓦在巴伦西亚的专业是建筑与城市设计，而他在苏黎世从事的是工程技术方面的研究。自1979年起，他在苏黎世联邦理工学院担任静力学和建造学、空气动力学和轻型结构等方面的教学助教；同

图6.17

图6.18　图6.19

图6.17　加利福尼亚的桑迪亚尔桥
（Sundial Bridge）
资料来源：作者自摄

图6.18　英格兰索尔福德三一人行桥
（Trinity Footbridge）
资料来源：Calatrava

图6.19　西班牙毕尔巴鄂人行桥
资料来源：Calatrava

时，开始其博士论文《论空间结构的可折叠性》[1]的撰写。其博士论文主要研究如何将一个三维空间的框架结构折叠为二维结构，进而折叠成一维物体，应该说，博士论文的研究成果为其后来在设计领域取得如此大的成就奠定了基础。卡拉特拉瓦的设计作品主要分布在欧洲，特别是西班牙和瑞士，一个是他的祖国，另一个是他的第二祖国。西班牙和瑞士几乎集中了他所有最著名的作品，而且他艺术思想的形成与这两个地方的文化也息息相关。概括来说，卡拉特拉瓦艺术思想的形成主要受到三个方面的影响。

其一，高迪效应。

高迪的影响在西班牙无处不在，对人文的关怀和对历史继承的尊重是我们今天依旧热衷研究高迪思想的主要原因。高迪留给世界的是用设计去表达宗教情感，表达自然的完美。

卡拉特拉瓦比高迪整整晚了一个世纪出生[2]。卡拉特拉瓦不止一次地表示过，"高迪是我唯一的老师"。高迪生活的年代是加泰罗尼亚现代主义辉煌的年代，与同期西班牙另一位现代主义大师蒙坦纳并称为"西班牙现代设计的奠基人"。高迪的设计思想可以归结为"宗教和自然"：用哥特式空间表达宗教情感和对上帝的虔诚，用模仿自然的手法去实现其宗教情感。高迪的思想根源是：直觉、艺术、感性和哲学，其思想表现出的美学观、自然主义和宗教情怀隐含着隐喻性、溯源性和形而上的神学观[3]。卡拉特拉瓦同样崇尚自然，从其作品中的可读性就不难理解，不同于高迪的模仿，他是在化解自然、重塑自然、再现自然 [图6.20][图6.21]。

从卡氏作品中的雕塑性、有机性、曲线意识和类推思想中都能发现高迪的影响。"我对自然及这个世界的观点就是建立在次序观上，自然界永远能够产生出新的解决办法，对每个问题可以找出新的答案，在动物界、植物界，都能引发出最根本的哲理，譬如科学家爱因斯坦对这个理论的解释，又譬如哲学家斯宾诺莎对宗教和宇宙的看法，他用一个非常不明确的态度，甚至强调爱是上帝，这种诠释，……像这样的学派是我的兴趣所在，高迪在他的自然天地中，将他特有的思维方式反映在他的作品中，而我则偏重对几何图形的爱好，表现出重量感和张力感以及一种实质的结构体 [图6.22]。[4]"

---

1. Alexander Tzonis, Liane Lefaivre. *Santiago Calatrava's Creative Process*[M]. Birkhauser, 2002:169-176.
2. 高迪生于 1852 年，卡拉特拉瓦生于 1951 年。
3. 后德仟. 高迪的现代主义和现代建筑意识 [J]. 建筑学报，2003.4.
4. 后德仟. 走访圣地亚哥·卡拉特拉瓦——西班牙现代建筑走向系列之一 [J]. 建筑学报, 2003.

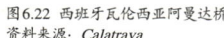

图6.20 高迪的作品巴特罗之家的楼顶烟囱和室内
资料来源：作者自摄

图6.21 瓦伦西亚艺术与科学博物馆（卡拉特拉瓦，2006年），面罩般的表皮与模仿动物骨骼的细部依稀可以找寻高迪的身影
资料来源：Calatrava

图6.22 西班牙瓦伦西亚阿曼达桥
资料来源：Calatrava

其二，西班牙式的想象力。

浪漫、奔放、自由、大胆、绚丽是人们对西班牙和西班牙人的印象，确实如此，西班牙历史上一直不乏狂人，从哥伦布（Cristóbal Colón）到科尔特斯（Hernán Cortés），从毕加索（Pablo Picasso）到达利（Salvador Dalí）、米罗（Joan Miró），从高迪到卡拉特拉瓦。西班牙人对自由和浪漫的热爱是与生俱来的。虽然卡拉特拉瓦在巴伦西亚的建筑学学习只有短短几年，但是这几年对卡氏探索形态背后的规律影响至深。在巴伦西亚理工大学的建筑学课程中有一项技能训练——"五点训练"，要求学生在五点内画出一个人形。这个看似天方夜谭的训练，表面上看是如何在限定的范围内合理安排人的结构，实则激发原创形式的构思。平日细心的观察固然必不可少，大胆地让想象力自由驰骋，设计创造的可能性被无限放大 [图6.23][图6.24]。

西班牙独特的文化是卡拉特拉瓦不断汲取和挖掘创作灵感的源泉。

图6.23 卡拉特拉瓦利用"五点法"
绘制的动态人体
资料来源：*Calatrava*

图6.24 毕加索、达利和米罗充满想
象力的绘画作品
资料来源：作者自摄

设计与文化和地方血脉总是息息相关的，文化艺术中包含的情感和积累成为影响设计风格的重要因素。在西班牙，你总能发现许多充满矛盾的个体却和谐地共存着，吸收和利用各种风格、各种元素，再将他们自由地组合在一起。西班牙式的直觉更相信艺术不是刻板的教条，而更在意能引起联想的思考。灵活的设计不仅可以丰富空间，更能诗意地唤起人们在空间中的共鸣 [图6.25]。

其三，空间的可折叠性。

卡拉特拉瓦的博士论文《论空间结构的可折叠性》（*On the Foldability of Space Frames*）标志着他对空间形态分布规律探索的成熟，其后的作品大多是在此基础上的探索和实践。论文研究的是空间结构体系如何通过结构体系内部的运动从三维变为二维进而变成一维，实际的创作过程则是一个逆向过程，从单一的目标体如何发展成复杂的空间结构体系。在一来一去的转化过程中，卡氏探索着结构体系的各种可能性，想象力的无限发挥增加或减少组成要素，发展出各种形式及其之间的关联，探索出最终的理想形式。在卡氏设计的复杂框架中，内部各要素间是相互连接的，任何一点的运动都会波及其他节点，利用此系统可以模

图6.25 布宜诺斯艾利斯的慕耶尔人行桥
资料来源：*Structrual Art*

拟生成复杂而新颖的曲面。《论空间结构的可折叠性》仅仅是实现卡氏创造力的一个基本工具，利用此工具可以轻易在较短时间内创造出各种多样、新颖的形式，但是如何做到不流于形式、不受制于形式，才是卡拉特拉瓦艺术魅力的深邃之处 [图6.26][图6.27][图6.28]。

6.2.2 代表作品评析

卡拉特拉瓦酷爱自然，崇尚人体，提倡对自然进行直接观察，即"直接观察我们周围自然存在的方式，关注一草一木以及自然中一切事物的形态"。自然界的有机生物体成了他最广阔的创作源泉，尤其是脊椎动物的骨骼及人体运动的姿态。因此，他的设计作品也遵循着自然完美的法则，即"自然本身有自己的原则，万事万物有秩序的原则，最重要的是自然自身化解问题的能力"，那些作品也常常被称为"复杂的生命有机体"。当然，卡拉特拉瓦设计的建筑形式并不是直接模仿生物体的样式，而是用理性的几何眼光去观察自然，发展雕塑般的空间和具有动感的建筑新形式 [图6.29][图6.30][图6.31]。

"当卡拉特拉瓦在面对一个个设计问题时，是否有一套特殊的理论或实务专门用于解决这些问题呢？我认为没有，他只是随着自己的灵感

图6.26　图6.27

图6.26 卡拉特拉瓦在《论空间结构的可折叠性》中的结构模拟
资料来源：*Calatrava*

图6.27 卡拉特拉瓦根据空间折叠论优化后的空间体系结构
资料来源：*Calatrava*

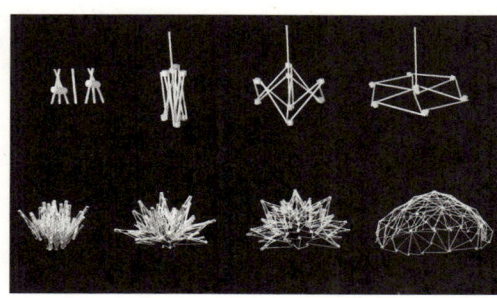

图6.28 以色列圣城耶路撒冷的和玄
桥，表现出强烈的宗教象征意义
资料来源：www.cnn.com

图6.29　图6.30

　　图6.31

图6.29 扭转的人体及变化的骨骼，
卡拉特拉瓦手绘
资料来源：Calatrava

图6.30 西班牙毕尔巴鄂人行桥，
发射状的拉索与扭转的拱肋突出空
间的张力
资料来源：Tobia Zordan（Bolina）
提供

图6.31 威尼斯大运河上的第四桥，
卡拉特拉瓦再次利用扭转、运动来
表现形式
资料来源：作者自摄

直接发挥，因为真正的艺术品不需要借着深奥的理论来证明，也不必是某种推理的结果……于是，这就使他从追求新潮式样和风格的局限中解放出来。[1]"

　　在卡拉特拉瓦的设计作品中，功能的需要、外形的结构，以及某些细节的处理，都来自其敏感的艺术嗅觉，他的作品有明显的意识流特征，是情感的自然流露。"艺术即直觉，美即表现，艺术与美同一，从而把美从'道德的象征'或'理念的显现'转变为'情感的表现'[2]"，情感

1. Richard Jevene & Fernando Marquez Cecilia 主编．圣地亚哥·卡拉特拉瓦作品集 1983-1993[M]．刘思玲，刘航译．台北：圣文书局股份有限公司，1996:9．
2. 张敏．克罗齐美学论稿 3[M]．北京：中国社会科学出版社，2002:193．

的注入无疑是卡氏风格产生的根本原因，卡拉特拉瓦对人的关怀，对自然力的表现，对设计的表达都是情感表现思想的过程。设计是心灵活动通过先验意象为内心情感赋予形式的过程，是意象表现对内心情感的艺术凝华，其意义就在于实现了以创造性为特征的直觉认识。

"经由历史我们学习到经验，我们得到这样的结论，即一个完美创作之所以会被转换成美，当我们自己把美像生命一样关注于设计时，这种生命就使它具有了自己的呼吸，并从物质实体中获得自由。[1]"卡拉特拉瓦赋予他的作品以灵魂，艺术的意志力是他作品的本质。

6.2.3 后续的作品

以结构构思为原点，又跳出结构的约束。卡拉特拉瓦对桥梁设计的贡献就在于赋予桥梁——这个看似简单的结构——更深刻的内涵，从"动感"和"有机"方向去寻求灵感，为之后的设计师带来很多启示[图6.32][图6.33]。

德绍是德国中部的一个小城，静静流淌的穆尔德河将德绍动物园与城市分隔开来。一直以来，德绍动物园都是市民休闲游憩的好去处。由于紧靠城市，无论是当地居民还是游客都愿意到这个附近的"世外桃源"去呼吸新鲜空气。2001年，随着游客的增多，为方便河对岸的市民能够随时享受到园内的景色，园方委托设计师凯斯特·申绍尔·格罗斯（Kister Scheithauer Gross）为该园设计一座新的人行桥。

人行桥跨度达130m，而宽度又不足3m，如果按照通常的做法显然不足以引起远处人们的视线。设计师没有限制于现有的人行桥形式，采用一般的做法，如悬带桥或是简单的梁桥，而是利用管状拱，通过一根根吊索支撑起一个蜿蜒的桥面。管状拱不仅是整体结构的支持主体，也是该区域的一个简明而显著的标志物。无论从桥上的哪个角度看，蜿蜒的桥面都能让行人将周围的景色一览无余。如果说在桥外，桥是景观环境的中心所在，那么站在桥上，视觉中心又回归到自然景致。

这一处理手法几乎与卡拉特拉瓦的毕尔巴鄂人行桥如出一辙，都是利用扭转的管状拱体支撑弯曲的桥面。最大的区别在于，位于城市中心的毕尔巴鄂人行桥的桥面铺装和照明设计较为考究，而德绍动物园的人行桥与周围自然景观的关系更为和谐。德绍的人行桥没有像毕尔巴鄂人行桥那样用密集的吊杆营造空间的紧张感，仅有的稀疏吊杆几乎弯曲隐

1. Richard Jevene & Fernando Marquez Cecilia 主编 . 圣地亚哥·卡拉特拉瓦作品集 1983-1993[M]. 刘思玲，刘航译 . 台北：圣文书局股份有限公司，1996:22.

图6.32 德绍动物园内的人行桥
（Bridge in Dessau Zoo）
资料来源：*Footbridge*

图6.33 毕尔巴鄂人行桥的照明设计
突出了结构的细部特征
资料来源：*Calatrava*

形在天空的背景中，最大限度地保留了大自然。

6.3 自由形式的人行桥设计

6.3.1 下意识书写与自由绘画

　　"下意识书写"（Automatic writing）是超现实主义作家在一段时间内采用的一种主要写作手法，即在写作过程中，作家不受任何意向、逻辑和已知事实的约束，用手中的笔在一张白纸上，让思绪和联想毫无阻碍地自由驰骋。这种写作方法的实质在于精神不受控制，由潜意识来支配创作活动。"排除了任何规则、惯例和思考的必要性，它推翻了一切文学活动的规律，这已经不是经过深思熟虑的，有一定意图极其相应的表现方式的一种创作，而是一种自发的，完全不依赖人的理性活动的一种创作。其目的不再是传达某种预先给定的意义，而要通过其丰富的想象和联想……创作出无法预见、令人惊讶的意义。[1]"

1. 柳鸣九主编. 未来主义·超现实主义·魔幻现实主义 [M]. 北京：中国社会科学出版社，1993:129.

受"下意识书写"影响至深的艺术家当属 20 世纪美国现代绘画奠基人——杰克逊·波洛克（Jackson Pollock， 1912～1956 年）。波洛克追求即兴创作，没有开始和草图，没有特定的目的，完全是绘画自身的行为，而"下意识书写"直接为他提供了一种全新的绘画创作方式。"下意识书写"让波洛克认识到，在一定程度上，艺术是可以脱离理智而使自己处于一种潜意识的状态中完成的。"我在做画时，事先并不知道我在画什么，只是经过了一个'认识'的阶段后，我才看到了自己到底画了些什么，我并不怕改变，也不怕意象之类的事情发生，因为画本身有它的生命，我要让画的生命显现出来……"[1]

波洛克的绘画创造了艺术领域中作品与创作者的全新关系，在这里艺术家进入作品本身，其创作过程和创作行为都可视为作品的重要组成部分。自由绘画并不是在完全失控的状态下进行创作，而是在艺术家自己控制下的作品不确定，可能是艺术形态不确定，也可能是表现色彩不确定等等，是对某种无意识和非理性形象的刻意把握 [图6.34][图6.35]。

图 6.34　　　图 6.35

图 6.34　No 31，1950 年，New York MoMA
资料来源：作者自摄

图 6.35　The She-Wolf，1943 年，New York MoMA
资料来源：作者自摄

6.3.2 盖里的"自由设计"

"下意识绘画"与"自由绘画"直接影响了一些追求自由奔放的形态特征的作品的产生，那些看似"随意"的几何构成必然是设计者追求个性特征的产物，如弗兰克·盖里（Frank Gehry）和扎哈·哈迪德（Zaha Hadid）。从严格意义上讲，他们二人都是建筑师，所作的人行桥作品亦属"玩票"性质，但是正如本文一直强调的，人行桥作为一门艺术，具有艺术创作的共通性，就应该剥离现象而探究其设计构思和设计理念。

---

1. 柳鸣九主编. 未来主义·超现实主义·魔幻现实主义 [M]. 北京：中国社会科学出版社，1993:127.

图6.36 盖里为奢侈品牌蒂凡尼
（Tiffany）设计的限量版首饰
资料来源：www.tiffany.com

不同于其他解构主义大师，如屈米、埃森曼，他们的作品源于德里达的解构主义哲学，以消解作品的"建筑物中心"为基本构思，力求探寻传统的物质真实性以外的其他真实性。盖里从来不认为自己是一名解构主义者，他对艺术更感兴趣，不断尝试着将艺术中的某些理念和手法运用到自己的设计中。盖里的作品是高科技实现其艺术构思的产物，那些极端夸张、难以模仿的奇异形态是作为艺术品存在的。他自己表示过，"在一定意义上，我也许是一个艺术家，我也许跨越了两者间的沟谷"[1]，绘画中的笔触能直接表现画家的创作过程，建筑结构中也有类似的体现[图6.36][图6.37][图6.38]。

建筑师在进行创作设计时，多数是以草图为开始，再根据功能需要进行相应地体量分隔和几何构成，在没有成熟的想法成形前，都是根据自己的经验和判断有意识地凸显出某种构成意象。盖里将草图过程视作寻找形式的过程，对他来说，作品的形式在实现之前就已经存在，自己的任务是在一张张白纸上寻找潜在的形式。事实上，盖里将"下意识书写"和"自由绘画"中的潜意识创造过程融入草图构思阶段，那些不连贯的曲线往往给人杂乱无章的感觉，这恰恰是盖里特有的创作方式，"一样东西处于联系之网中时就显得更自由，我喜欢流畅无障……我就那样思考，我不过是移动笔。"[2]这个过程正好印证了波洛克自由绘画的观念，试图将头脑中的潜意识挖掘出来，找寻更多自由形态的可能性，在设计观念上，就是一种与"下意识书写"和"自由绘画"相对应的"自由设计"。

盖里经常在"糊涂乱抹"后再仔细审视它们，"看图纸时试图挖掘

图6.37 ｜ 图6.38

图6.37 盖里于1990年设计的
Powerplay座椅，用一种东方材料
（竹）演绎西方形式（沙发椅）
资料来源：*Frank Gehry*

图6.38 迪士尼音乐厅初期概念草图
资料来源：*Frank Gehry*

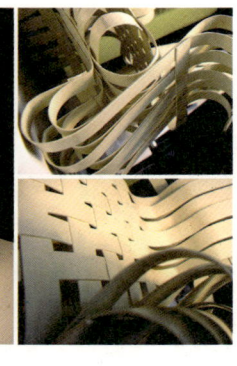

1. Frank O. Gehry, Michael Sorkin, Mildred Friedman. *Gehry Talks: Architecture + Process*[M]. Universe Publishing, 2002:406.
2. Frank O. Gehry, Michael Sorkin, Mildred Friedman. *Gehry Talks: Architecture + Process*[M]. Universe Publishing, 2002:241.

出形式感"，灵感在"糊涂乱抹"中闪现，并最终付诸实践。盖里是在通过绘画自身的无意识状态来获取最终试图表达的组合形态，他通过艺术的直觉来控制整个设计，但构成的形态却是在无意识的状态下结合自身的艺术修养形成的 [图6.39]。

西班牙毕尔巴鄂的古根海姆博物馆是最被人们津津乐道的盖里式建筑，很少有人注意到通向博物馆入口的一座人行桥也是盖里的作品。这是弗兰克·盖里设计的第一座人行桥，在博物馆耀眼的光环下几乎很少人把这座低调的混凝土桥与偏爱金属感的盖里联想到一起。这也是第一个将"自由设计"付诸人行桥创作的作品。在这座充满戏剧性冲突的、混乱的、不确定的、无法言说的、任意的、具有绘画性和雕塑性的作品中，盖里充分调动起自由构思的方法，形态在草图构思阶段就已经成熟。通向入口的人行桥自然也是盖里在不经意间的"无心插柳"[图6.40]。

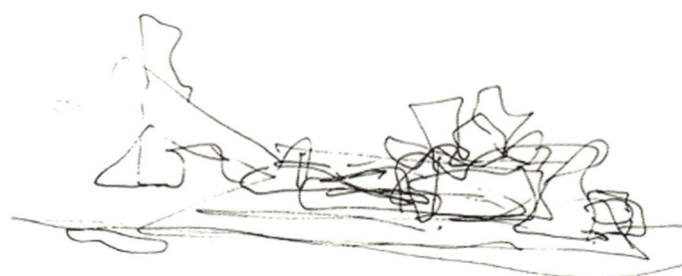

图6.39
图6.40

图6.39 古根海姆博物馆概念草图
资料来源：*Frank Gehry*

图6.40 毕尔巴鄂博物馆入口处人行桥
资料来源：Tobia Zordan 提供

　　7 年后，弗兰克•盖里又一次成功地将"自由设计"运用到人行桥设计——芝加哥的 BP 桥，与毕尔巴鄂博物馆人行桥的低调不同，这次人行桥成为了主角，带给世人更多的新鲜感和兴奋感。盖里在该桥的设计手法上延续了 Jay Pritzker Music Pavilion 音乐厅的风格。整个户外音乐厅仿佛是用不锈钢板打造的一个个巨大的蝴蝶结。盖里的奇思妙想源自芝加哥城市规划的缔造者丹尼尔•柏哈姆（Daniel Burnham），柏哈姆是20 世纪初"美丽城市运动"（The City Beautiful Movement）中的活跃分子，他认为城市中央应该保留资源地景，开辟出大型公园作为城市之肺。盖里继承了柏哈姆的遗志，为芝加哥的心脏设计了有如城市怪想的钛金属板的音乐厅顶棚，这个结构对应了当年柏哈姆试图效仿巴黎城市规划的遗愿，盖里用他自己的方式向现代芝加哥的城市造型师致敬。然而柏哈姆也许不会想到，在盖里向自己致敬的同时也为芝加哥烙下了盖里的印记。盖里将他善用的戏剧性的、冲突的空间构成手法移植到此处。矛盾性不是存在于人行桥自身，而是它的有序与远处音乐厅之间的矛盾，空间的冲突性弥漫于整个城市中心，如同戏剧中跌宕起伏的情节，BP 桥正是通向"高潮"（音乐厅）的情节和线索 [图6.41][图6.42][图6.43]。

图6.41

图6.42

图6.41 千禧公园内的地标建筑云门（Cloud Gate）和普利茨音乐厅（二者在形态上形成鲜明对比，光洁如一的云门反射出芝加哥的城市全貌，而包裹音乐厅的金属表皮弯曲地指向天空，代表着芝加哥的城市精神）
资料来源：作者自摄

图6.42 从 BP 桥眺望远处的音乐厅
资料来源：作者自摄

图6.43 BP桥独特的平面曲线以及
质感极强的钛合金表皮
资料来源：作者自摄

6.3.3 哈迪德的"自由塑形"

扎哈·哈迪德（Zaha Hadid）的设计作品充满强大的自我表现欲望和主观探索精神。夸张和奇特的形态是主观性任意驰骋的表现。哈迪德对于"塑形"的追求，不仅是对新型结构、材料的充分利用，更是对作品的生命力和表现力的有意发掘，她的作品带有天然的艺术性 [图6.44]。

哈迪德在人行桥上的探索具有鲜明的个性特征，显示出其独有的设计美学，特别是在桥梁形态的可塑性上进行了许多原创性探索，从1995年伦敦泰晤士河人行桥到2008年为西班牙萨拉戈萨世博会"以桥代馆"，自由地"塑形"显然成为哈迪德艺术表现的重要设计手段。哈迪德的"自由塑形"与盖里的"自由设计"有着明显的区别：在空间形态上，盖里追求流动的、连续的空间特质，而哈迪德更多地强调空间的扭转、断裂、冲突的特质。如果说盖里的人行桥是雕塑性桥梁的话，哈迪德的人行桥则更像一幅抽象画，将人行桥的各个元素进行抽象化组合。作为一种艺术思想的探索，从她独树一帜的表现图就可窥一二。对于建筑物或构筑物而言，通常设计师会把完整、写实的表现图作为最终成果，草图或草模只是方案探索过程中的"半成品"，而哈迪德的草图几乎都是一幅完整的抽象画。哈迪德认为这种表现方式是设计的必要过程，从抽象式的过程中组合出灵活的空间，最后呈现出的作品即是抽象过程的再现 [图6.45][图6.46][图6.47]。

萨拉戈萨世博会主题馆中，哈迪德完全将人行桥以一种建筑性语言来表现，特别是在人行桥内部空间的处理上，彻底颠覆了静态的空间审美体验，动态的空间附之高科技的声光效果表现人们对未来生活的向往。

	图6.44	
图6.45	图6.46	
	图6.47	

图6.44 2007年科隆家具展上哈迪德的作品"理想屋"
资料来源：www.dolcn.com

图6.45 哈迪德为巴西著名制鞋品牌Melissa设计的一款女士鞋
资料来源：www.melissa.com

图6.46 迪拜表演艺术中心
资料来源：*Zaha Hadid*

图6.47 哈迪德的手绘草图
资料来源：*Zaha Hadid*

表皮的处理同样如此，外装的材料将桥体严实地包裹起来，表皮在这里已经从结构层面独立出来。不仅仅是一种简单的围护结构，墙体被重新定义，变化出新的形态和意义，成为其艺术属性的又一载体 [图6.48][图6.49]。

6.3.4 关于自由形式人行桥的思考

在作品中强调艺术家的个人主观精神和强烈的个人情感，对客体形态进行夸张、变形等处理是"自由设计"人行桥的最基本特点。此类型的人行桥往往被视作反传统的表现与对人性的再思考。尽管在形态上，它们常以曲线、曲面示人，却没有刻意模仿自然，而是通过对色彩和线条的处理去表现情感。概括起来，"自由设计"人行桥主要具有以下特点。

图 6.48

图 6.49

图 6.48　萨拉戈萨世博会主题馆全貌
资料来源：*Expo 2008*

图 6.49　2008 年西班牙萨拉戈萨世
博会主题馆
资料来源：*Expo 2008*

第一，曲线与曲面的运用。

从直观上，人们更愿意将"自由设计"风格的人行桥看作雕塑，也就是说，它们具备的雕塑特征让人们认为这些是"塑造"出来，而非"建造"的。曲线与曲面的运用从体态上获得更多的内在品质，这种内在品质有助于人行桥的表现性与情感化，突破惯有的理性逻辑。

第二，追求异形空间。

与施莱希追求人行桥的空间透明感、无质感不同，"自由设计"通过弯曲的表面让人们对桥体空间产生质疑，明确的、清晰的三维空间瓦解的同时，一种新的异形空间建立起来。

第三，不确定的体验感。

"自由设计"的人行桥通过雕塑化的表现手段，塑造了一种反常规的空间氛围和心理感受。因此，"自由设计"往往具有不确定、非稳定和动态的空间体验感。

"自由设计"风格的上述艺术特征决定了它不可能成为主流的设计风格，这是因为它不仅对设计师的艺术修养和艺术表现力有较高的要求，同时也需要对建造过程有着清晰的把握和控制能力。还有一些现实的因素，诸如成本控制、结构加工等的限制，都使得这一风格一直处于非主流的地位。但是不应忽略的是，"自由设计"在人行桥表现性上的探索，是艺术家们对人行桥本身以及客观环境的思考，自由的形态构成对开创人行桥的形态语言起到了积极的作用。

7 结语
Conclusion

　　艺术的发展和演变是一个不断否定、不断超越，又不断回归和不断并置的过程。在艺术的视野中，艺术带给人行桥的启发，艺术形式与人行桥设计的互动是多方面的。通过对人行桥艺术历程的总结，对人行桥艺术表现元素与艺术创作手法的描述，以及对当代人行桥的艺术流派与风格的研究，可以看出，艺术不仅在形式层面丰富着人行桥的形态，也在观念和意义的层面拓展着人行桥的表现空间。对此，我们可以从以下几个方面概括：

　　第一，艺术丰富了人行桥的设计语汇。从绘画艺术中的比例、色彩、构成，到舞台戏剧中的场景与情节，构成主义和立体主义与人行桥艺术边界的融合，到将艺术中的下意识状态当作一种构思手段，自由设计作为一种创作手法，将观念化的符号进行直接地转化，都体现出艺术创作手法对于人行桥设计的影响。这些影响中，有些是直接来源于艺术作品本身，有些则是间接地从一种艺术形式泛化后的设计方法中获取对人行桥的设计启示。

　　第二，艺术观念对人行桥设计起着不可忽视的推动作用。这种作用体现在人行桥与其他艺术门类分享着相同的艺术语言。其他艺术门类，如绘画、音乐、舞蹈等，因为观念的渗透而超越了原本单纯的艺术范畴，从而对人行桥的创作有着普遍影响。艺术中对受众感官和心理的关注、对生活百态的思索，都对人行桥的创作产生了自省式的反应。不仅如此，艺术的个性化特征，不同作品由于其创作视点不同以及表现手法不同而令设计师产生不同的思想火花，这种观念在思维的不同层面上激发了艺术的生命力。

　　第三，艺术对人行桥本体概念的深化和拓展。在其他各类艺术形式的推动作用下，人行桥无论形式还是内涵都超越以往，在主流形式之外产生出许多异化体。它们让我们产生更多的反思——对人行桥的建造行为重新定义，对人行桥与生活体验紧密联系的关注。在艺术的催化下，不能从结构物或是建筑物的角度来理解人行桥，因为人行桥的建造过程已经被重新定义，人行桥在艺术概念的融合中，被赋予了更多的意义和内涵，成为人对艺术生命力的召唤和体现。

第四，人行桥的创作过程中艺术与技术的平行思考。强调人行桥的艺术性，不是简单地用形体表达艺术，或是用艺术表现结构。重要的是建立在艺术基础上的完整的知识结构和艺术化的思维观念。强调人行桥的艺术化，不是追求完美的和绝对化的形式标准，也不是打着艺术的旗号限制和约束所有的设计活动。毕竟人行桥不同于音乐和绘画，人行桥有着明确的社会使命，因此，强调人行桥的艺术化，是强调其艺术的概念，艺术思维不是人行桥的主旨，但是，人行桥的设计师有必要将自己看作艺术家，面对新的设计任务时，敢于用艺术的角度去想象和思考。

本书并不是刻意追求形成一种规范性的新理论，也没有为研究对象作出新的定义，更不会为人行桥设计提出标准化的解决方法。要获得高品质的人行桥，除了必要物质基础的投入，对日常性问题的关注也十分必要：新建的人行桥是否能够尊重、理解现存文脉，汲取其中的合理内容并很好地消化？人行桥的认知形态是否与周边环境良好衔接，是否会产生新的认知体验？人行桥是否能够促进公共空间互动，刺激公共场所的活力？

"人类的自然环境、人造环境从来没有被设计者所控制，这个环境是民俗（或大众）建筑的产物，然而这一点在建筑师和建筑理论上却几乎不曾受到关注……而且高品位建筑的鉴赏一定要联系并结合民俗基质的情境，一旦脱离该情境，特别是脱离设计和建造的年代，该建筑就变得不可理解了。[1]"也许以拉普卜特的这番话作为本文结语最恰当不过，因为脱离"人"的人行桥注定是失败的。

无论国外还是国内，理论界有个共识：人行桥已经不再是单纯意义的建筑结构。人行桥不仅是城市交通体系不可或缺的组成部分，也是集社会、文化和宗教等意义于一身的综合表现体。随着社会的发展，人行桥成为表达社会公共精神和艺术价值的符号，成为具有特定意义的建筑符号。人类的建造历史经历了几千年的发展，从跨越障碍、通济利涉的途径到展示国力的财富象征，从桥梁结构的统治地位到车行桥的附属结构，在此过程中，人行桥的概念和意义也在不断丰富和变化。

人行桥的复兴繁荣是有目共睹的事实，泰晤士河上的千禧桥成为新伦敦的象征，盖茨黑德开启桥带动了整个城区的复兴，耶路撒冷的和玄桥不仅是地标建筑还具有宗教象征意义……在许许多多优秀作品问世的

---

1. Amos Rapoport. *Culture, Architecture, and Design*[M]. Chicago: Locke Science Publishing Co. Inc, 2005:58.

同时，大量缺乏思想性和艺术性的人行桥也在充斥着我们的城市，破坏着美好的自然景致。尤其是当我们还在自喜中国已经是世界桥梁大国、桥梁强国的时候，却找不出具有代表性的当代中国人行桥。

书中选取了大量当代西方的人行桥作为案例，但是任何创造性活动都必须根植于培养它的文化土壤，西方的人行桥终究是以西方社会的文化和价值观念为根基。同时，尤其是欧洲学术界一直有着不同视角共同探讨城市建筑问题的传统，在哲学思想上有着丰富的研究成果。相比之下，中国的人行桥无论是建造、设计还是思想体系上都还略显薄弱。尽管在城市规划、建筑、景观、桥梁工程各自的领域都有学者关注到人行桥，然而却缺少将不同领域的研究经验共享，尤其是在人行桥的艺术性问题上，可以说还有很长的路要走。

参考文献
References

[1] Alan Holgate. *The Art of Structural Engineering: The Work of Jorg Schlaich and his Team* [M]. Stuttgart Edition Axel Menges, 1997.

[2] Allen Barry. *Artifice and Design: Art and Technology in Human Experience* [M]. New York: Cornell University Press, 2008.

[3] Arild H. Clausen, Per Kr. Larsen, Knut A. Selberg. *Teaching Aesthetics in Structural Design Courses: International Conference on Engineering Education, Oslo, Norway, August 6-10, 2001* [C]. Norway: International Conference on Engineering Education, 2001.

[4] Arizona Department of Transportation. *Landscape Design Guidelines for Urban Highways*[S]. Arizona: Phoenix. 1988.

[5] Arnold Berleant. *The Aesthetics of Environment* [M]. Philadelphia: Temple University Press, 1995.

[6] B. Tokarz. *Design of An Extraordinary Bridge: IASS Symposium, Stuttgart, Germany, 1996* [C]. Madrid: The International Association for Shell and Spatial Structures, 1996.

[7] Bill Addis. *Aesthetics Is Not Just About Appearances: IABSE Symposium, Lucerne, Switzerland, 2000* [C]. Zürich: International Association for Bridge and Structural Engineering, 2000.

[8] Billington, David P. *Robert Maillart And the Art of Reinforced Concrete* [M]. Cambridge: The MIT, 1990.

[9] Roads and Traffic Authority January. *Bridge Aesthetics: Design guidelines to improve the appearance of bridges in NSW* [S]. New South Wales: Roads and Traffic Authority, 1, 2004.

[10] Ch. Menn. *The Importance of the Structural Concept In Bridge Design: IASS Symposium, Stuttgart, Germany, 1996* [C]. Madrid: The International Association for Shell and Spatial Structures, 1996.

[11] Chelsea Honigmann, David P. Billington. *Conceptual Design for the Sunniberg Bridge* [J]. Journal of Bridge Engineering, 2003, 8(3).

[12] Chris Wilkinson, Jim Eyre. *Bridging Art & Science* [M]. London: Booth-Clibborn, 2001.

[13] Christian Menn. *Functional Shaping of Piers and Pylons* [J], Structural Engineering International, 1998, 8(3).

[14] Eugen Brühwiler. *Ten Years of Structural Engineering International* [J],

Structural Engineering International, 2001, 11(2).

[15] Chuan Do, Chung-Chi Chu, Scott Hudgins, Jacob Chan. *Lotus Pond Bridge* [J]. Taipei, Taiwan, The Arup Journal, 2002(1).

[16] Committee on General Structures, Subcommittee on Bridge Aesthetics, Bridge Aesthetics Around the World, Washington, D.C. : Transportation Research Board, National Research Council [R], 1991.

[17] Coosje van Bruggen, Frank O. Gehry. *Guggenheim Museum Bilbao* [M]. New York: Guggenheim Museum Publications, 1999.

[18] Daniel John, Farquhar, Ronald Yee. *The Bangkok Experience: IABSE Symposium, Seoul, Korea, 2001* [C]. Zürich: International Association for Bridge and Structural Engineering, 2001.

[19] David Bennett. *The Architecture of Bridge Design* [M]. London: Thomas Telford, 1997.

[20] David P. Billington. *The Tower and the Bridge: the New Art of Structural Engineering* [M]. Princeton: Princeton University Press, 1983.

[21] Dieter Stucki, Hans G. Dauner. *The Baregg Bridge near Baden: IABSE Symposium, Lucerne, Switzerland, 2000* [C]. Zürich: International Association for Bridge and Structural Engineering, 2000.

[22] Dietmar Feichitinger. *Bridge Design: 3rd Congress of Footbridge Conference* [M/CD]. Porto, Portugal, 2008.

[23] Donald Featherstone. *Bridges of Battle: Famous Battlefield Actions at Bridges and River Crossings* [M]. London: Arms & Armour Press, 1999.

[24] E.Hert. *Milestones in the History of Bridge Construction: IABSE Symposium, Zürich, Switzerland, 1979*[C]. Zürich: International Association for Bridge and Structural Engineering, 1979.

[25] Eric de Mare. *Bridges of Britain* [M]. London: B.T. Batsford, 1975.

[26] Eugen Brühwiler. *Ten Years of Structural Engineering International* [J]. Structural Engineering International, 2001, 11(1).

[27] Ewa M. Kido. *Aesthetics and Philosophy in Bridge Design in Japan* [J]. Journal of Architectural Engineering, 1997, 3(1).

[28] F. Leonhardt. *The Background of Good Design Ability: IASS Symposium, Stuttgart, Germany, 1996* [C]. Madrid: The International Association for Shell and Spatial Structures, 1996.

[29] 弗里茨·莱昂哈特. 桥梁建筑艺术与造型 [M]. 徐兴玉等译. 人民交通出版社, 1988.

[30] Federal Highway Administration, Visual Impact Assessment for Highway Projects, American Society of Landscape Architects, Washington，DC [S].

[31] Font Xavier. *Restoration of the Pont Trencat (broken bridge): Steelbridge*

2004 [C]. Millau, France, 23-25 June 2004.

[32] Frederick Gottemoeller. *Bridgescape: The Art of Designing Bridges (Second Endition)* [M]. New York: Johe Wiley& Sons, Inc, 2003.

[33] Fritz. *Leonhardt. Bridges* [M]. Stuttgart: Deutsche Verlags-Anstalt, 1984.

[34] Gene Berthelsen. *Beauty and the Bridge* [J]. Civil Engineering-ASCE, 1986, 56(6).

[35] Giuseppe Mancin, Giorgio Bignotti. *Lao River Bridge A Sustainable Solution For A National Park: IABSE symposium, Melbourne, Australia, 2002* [C]. Zürich: International Association for Bridge and Structural Engineering, 2002.

[36] Hans Wittfoht. *Building Bridges: History, Technology, Construction* [M]. Dusseldorf: Beton-Verlag, 1984.

[37] Hideyuki Iizuka, Kenji Takagi, Tetsuo Shimamine, Yoshinori, Taniguchi. *Structure Design of Railway Arch Bridge Harmonized with Landscapes: IABSE Symposium, Lucerne, Switzerland, 2000* [C]. Zürich: International Association for Bridge and Structural Engineering, 2000.

[38] Hugo Corres Peiretti, Romo Martin. *Construction And Design of A New Multi - Cable Suspension Bridge In Elche (Spain): IABSE Symposium, Seoul, Korea, 2001* [C]. Zürich: International Association for Bridge and Structural Engineering, 2001.

[39] Ian Firth, P.A. Sanders. *The Design and Construction of the Port Tawe Bridges: Steelbridge 2004* [C]. Millau, France, June 23-25, 2004.

[40] Ian P.T. Firth, Poul Ove Jensen. *The Design of the Java Bali Bridge: IABSE Symposium, Malmö, Sweden, 1999* [C]. Zürich: International Association for Bridge and Structural Engineering, 1999.

[41] J. Schlaich. *On the Conceptual Design of Structures-An Introduction: IASS Symposium, Stuttgart, Germany, 1996* [C]. Madrid: The International Association for Shell and Spatial Structures, 1996.

[42] Jacques Combault. *Cable-Supported Bridges-Feasibility And Quality: IABSE Symposium, Seoul, Korea, 2001* [C]. Zürich: International Association for Bridge and Structural Engineering, 2001.

[43] Jean-Marie Cremer. *The Val-Benoit Cable-Stayed Btidge: IABSE Symposium, Malmö, Sweden, 1999* [C]. Zürich: International Association for Bridge and Structural Engineering, 1999.

[44] Jörg Schlaich, Rudolf Bergermann. *Leicht Weit/Light Structures* [M]. New York: Prestel Pub, 2005.

[45] Jorge E. Torrejon, Don W. Bergman, Hisham Ibrahim, Nedim Alca, Kumar Buvanendaran. *Design of the Rama 8 Bridge in Bangkok: IABSE*

Symposium, Seoul, Korea, 2001 [C]. Zürich: International Association for Bridge and Structural Engineering, 2001.

[46] Jørgen Nissen, Georg Rotne. *Getting the Balance Right The Øresund Bridge-Design Concept: IABSE Symposium, Malmö, Sweden, 1999* [C]. Zürich: International Association for Bridge and Structural Engineering, 1999.

[47] Joseph Gallant. *The Shape of the Eiffel Tower* [J]. American Journal of Physics, 2002, 70(2).

[48] Joseph Harris. *The Tallest Tower: Eiffel and the Belle Epoch* [M]. Washington: Regnery Gateway, 1975.

[49] Juan Rodado, Javier, Manterola. *Multi-Span Cable Stayed Bridges: IABSE Symposium, Seoul, Korea, 2001* [C]. Zürich: International Association for Bridge and Structural Engineering, 2001.

[50] K.U.Blefzinger, K.Maute. *Structural Concept by Optimization: IASS Symposium, Stuttgart, Germany, 1996* [C]. Madrid: The International Association for Shell and Spatial Structures, 1996.

[51] Karl Baumann. *Sunniberg Bridge, Klosters, Switzerland: IABSE Symposium, Malmö, Sweden, 1999* [C]. Zürich: International Association for Bridge and Structural Engineering, 1999.

[52] Karl-Eugen Kurrer. *The History of the Theory of Structures* [M]. Berlin: Ernst & Sohn, 2008

[53] L.Kollar. *Problems of Conceptual Design of Engineering Structures: IASS Symposium, Stuttgart, Germany, 1996* [C]. Madrid: The International Association for Shell and Spatial Structures, 1996.

[54] M. Kawaguchi. *Conceptual Design Suggested by Our Forerunner: IASS Symposium, Stuttgart, Germany, 1996* [C]. Madrid: The International Association for Shell and Spatial Structures, 1996.

[55] Man Chung Tang, Rafael Manzanarez. *Design of the New San Francisco - Oakland Bay Bridge : IABSE Symposium, Seoul, Korea, 2001* [C]. Zürich: International Association for Bridge and Structural Engineering, 2001.

[56] Martin P. Burke Jr. *Bridge Aesthetics: World View* [J]. Journal of Structural Engineering, August, 1995(8).

[57] Martin P. Burke, Jr. *Bridge Design and the "Bridge Aesthetics Bibliography"* [J]. Journal of Structural Engineering, 1989, 115(4).

[58] Marwan Nader, Rafael Manzanarez, Man-Chung Tang. *Design of the New San Francisco-Oakland Bay Bridge Self-Anchored Suspension Bridge: IABSE Symposium, Melbourne, Australia, 2002* [C]. Zürich: International Association for Bridge and Structural Engineering, 2002.

[59] Matthew Wells. *30 Bridges* [M]. London: Laurence King, 2002.

[60] Mehdi Aschrafi. *Cable-Stayed Bridges for Main Spans Exceeding 1000m: IABSE Symposium, Seoul, Korea, 2001* [C]. Zürich: International Association for Bridge and Structural Engineering, 2001.

[61] Miguel A. Astiz, L. Fernández Troyano, Javier Manterola. *Evolution of Design Trends In Cable-Stayed Bridges: IABSE Symposium, Malmö, Sweden, 1999* [C]. Zürich: International Association for Bridge and Structural Engineering, 1999.

[62] Mock, Elizabeth B. *The Architecture of Bridges* [M]. New York: The Museum of Modern Art, 1949.

[63] Naeem Hussain, Lars Hauge, Klaus Falbe-Hansen, Alex S. K. Kong. *Design of the Stonecutters Cable-Stayed Bridge in Hong Kong: IABSE Symposium, Melbourne, Australia, 2002* [C]. Zürich: International Association for Bridge and Structural Engineering, 2002.

[64] Niels J. Gimsing. *Cable Supported Bridges: Concept And Design* [M]. Chichester: Wiley, 1983.

[65] Patrick D. Weidman. *A Mathematical Model for the Eiffel Tower* [M]. Colorado: Department of Mechanical Engineering University of Colorado.

[66] Paul Gauvreau. *The Three Myths of Bridge Aesthetics* [R]. Canada: University of Toronto, 2002.

[67] Pekka Pulkkinen. *Swietokrzyski Bridge, Warsaw: IABSE Symposium, Malmö, Sweden, 1999* [C]. Zürich: International Association for Bridge and Structural Engineering, 1999.

[68] Peter Lundhus. *Øresund Link-Not Just A Bridge: IABSE Symposium, Melbourne, Australia, 2002* [C]. Zürich: International Association for Bridge and Structural Engineering, 2002.

[69] Poul Ove Jensen. *The Beauty of Suspended Structures: IABSE Symposium, Seoul, Korea, 2001* [C]. Zürich: International Association for Bridge and Structural Engineering, 2001.

[70] R. Bergermann, M. Schlaich. *Variety in Cable Stayed Bridge Design: IASS Symposium, Stuttgart, Germany, 1996* [C]. Madrid: The International Association for Shell and Spatial Structures, 1996.

[71] R. Walther. *Critical Appraisal of the Collaboration Between Engineers And Architects: IASS Symposium, Stuttgart, Germany, 1996* [C]. Madrid: The International Association for Shell and Spatial Structures, 1996.

[72] REN Lisha. *Understanding the footbridge in German Design History: IASDR 2011, The 4th World Conference on Design Research* [C]. Delft, Netherlands, 10, 2011.

[73] REN Lisha, Tobia Zordan. *Design for charity bridges in comparative*

conception: *Footbridges for Urban Renewal, Third International Footbridge Conference* [C]. Porto, Portugal, 2008.

[74] Richard Gregory. *Eye and Brain* [M]. Princeton: Princeton University Press, 1997

[75] S.P.Chang. *Conceptual Design of Cable-Supported Bridges in Korea: IABSE Symposium, Seoul, Korea, 2001* [C]. Zürich: International Association for Bridge and Structural Engineering, 2001.

[76] Sande Atanasovski, Goran Markovski. *Design of the Pedestrian Bridge Over River Vardar in Skopje, Republic of Macedonia: IABSE Symposium, Seoul, Korea, 2001* [C]. Zürich: International Association for Bridge and Structural Engineering, 2001.

[77] Stephan Engelsmann, Stefania Casucci. *The Neglected Aspect of Urban Bridge as Public Spaces: IABSE Symposium, Lucerne, Switzerland, 2000* [C]. Zürich: International Association for Bridge and Structural Engineering, 2000.

[78] Stewart C. Watson, M. K. Hur. *Esthetics in Concrete Bridge Design* [M]. Detroit, Mich.: American Concrete Institute, 1990.

[79] Stottrup-Andersen. *Aesthetics in Mast and Tower Design: ASCE, Structures Congress-Proceedings, New Orleans, LA, USA , 1999* [C]. Reston, VA: The American Society of Civil Engineers, 1999.

[80] *Aesthetic Design Guidelines* [S]. The Ohio Department of Transportation (ODOT), USA.

[81] Tina Vejrum, Anton Petersen. *Bridges with Spatial Cable Systems-theoretical and Experimental Studies: IABSE Symposium, Malmö, Sweden, 1999* [C]. Zürich: International Association for Bridge and Structural Engineering, 1999.

[82] Tony Fitzpartrick. *Linking London: the Millennium Bridge* [M]. UK: The Royal Academy of Engineering, 2001.

[83] Torben Forsberg, Anton Petersen. *The Challenge of Constructing a Bridge over the Chacao Channel: IABSE Symposium, Seoul, Korea, 2001* [C]. Zürich: International Association for Bridge and Structural Engineering, 2001.

[84] U. Kuhlmann. *Design Criteria for Tied Arch Bridges: IASS Symposium, Stuttgart, Germany, 1996* [C]. Madrid: The International Association for Shell and Spatial Structures, 1996.

[85] Ursula Baus, Mike Schlaich. *Footbridges* [M]. Basel: Birkhuser, 2008.

[86] Vivienne Poy. *Building Bridges: the Life & Times of Richard Charles Lee: Hong Kong, 1905-1983* [M]. Scarborough: Calyan Publishing, 1998.

[87] Yincheng Hou, Hans Utstrand, Ingvar Andersson. *The Projecting and Designing of Uddevalla Bridge: IABSE Symposium, Seoul, Korea, 2001* [C].

Zürich: International Association for Bridge and Structural Engineering, 2001.

[88] Zbigniew Cywinski, Ewa M. Kido. *Urban Bridge Aesthetics: Major Challenge of the 21st Century: IABSE Symposium, Lucerne, Switzerland, 2000* [C]. Zürich: International Association for Bridge and Structural Engineering, 2000.

[89] William Blackwell. A.I.A. *Geometry in Architecture* [M]. New York: Johe Wiley& Sons, Inc, 1984.

[90] Martin Pearce, Richard Jobson. *Bridge Builders* [M]. Chichester: Wiley-Academy, 2002.

[91] Richard Gregory. *The Mind Makers* [M]. London: Weidenfeld and Nicolson, 1998.

[92] Monica Mazzolani, Cristina Negro. *Dance and Architecture* [J]. Space & Society. Milan, 1998(82).

[93] Luis C. Martins. *On Bridge Design. 3rd Congress of Footbridge Conference* [M/CD]. Porto, Portugal, 2008.

[94] 澳大利亚 Images 出版公司 . 世界建筑大师优秀作品集锦：长谷川逸子 [M]. 程素荣译 . 北京：中国建筑工业出版社 , 1998.

[95] 布正伟 . 建筑语言演进的动力与规律——建筑创新的认识论基础 [J]. 建筑学报 , 2007(12).

[96] (苏)A・Я・齐斯 . 哲学思维和艺术创作 [M]. 冯申等译 . 北京：社会科学文献出版社 , 1992.

[97] (美) 苏珊・朗格 . 艺术问题 [M]. 腾守尧译 . 南京：南京出版社 , 2006.

[98] (英) 布莱恩・劳森 . 设计师怎样思考——解密设计 [M]. 杨小东，段炼译 . 北京：机械工业出版社 , 2008.

[99] 考鲁・门德灯光设计者株式会社 . 光与影的设计 [M]. 关忠慧译 . 沈阳：辽宁科学技术出版社 , 2008.

[100] (俄) 瓦西里・康定斯基 . 论艺术里的精神 [M]. 吕澎译 . 成都：四川美术出版社 , 1986.

[101] (美) 露丝・本尼迪克特 . 文化模式 [M]. 王炜等译 . 北京：社会科学文献出版社 , 2006.

[102] (英) 妮古拉・加莫里，雷切尔・坦南特 . 城市开放空间设计 [M]. 张倩译 . 北京：中国建筑工业出版社 , 2007.

[103] 汪坦，陈志华 . 现代西方艺术美学文选・建筑学卷 [M]. 沈阳：春风文艺出版社 / 辽宁教育出版社 , 1989.

[104] 阿摩斯・拉普卜特 . 文化特性与建筑设计 [M]. 常青等译 . 北京：中国建筑工业出版社 , 2004.

[105] 白雪海 . 设计方法论的哲学思考与启示 [J]. 新建筑 , 2000, (1).

[106] 布正伟.建筑语言构成的复合系统 [J].新建筑，2000,(4).

[107] 布正伟.建筑语言结构的框架系统 [J].新建筑，2000,(5).

[108] 陈艾荣.桥梁造型 [M].北京：人民交通出版，2005.

[109] 陈艾荣,任丽莎.城市中的艺术品——约克·施莱希桥梁设计思想的评析与启示 [J].桥梁，2009，30(4).

[110] 陈学文,董雅等.建筑形式对立统一规律新析 [J].装饰，2004,(12).

[111] 谌德军.从天、人对立走向统一——中国建筑环艺中的"自然人化"与"人化自然"观 [J].中外建筑，2004,(3).

[112] 成志军,林晓研.格式塔理论在建筑美学中的应用 [J].重庆建筑大学学报，2003,(5).

[113] 程大锦.建筑：形式、空间和秩序 [M].刘丛红译.天津：天津大学出版社，2005.

[114] 程虎.色彩在建筑造型上的几点应用 [J].安徽建筑，2005,(1).

[115] 戴松茁.论建筑的永恒美 [J].时代建筑，1996,(2).

[116] 戴维·P·比林顿.塔与桥——结构工程的新艺术 [M].钟吉秀译.北京：科学普及出版社，1991.

[117] 戴志中,郑圣峰.城市桥空间 [M].南京：东南大学出版社，2003.

[118] 段汉明.建筑的尺度与时空特征 [J].新建筑，2000,(5).

[119] 高振宇,郭文军,陈峰.桥梁设计与环境协调的美学考虑 [J].铁道标准设计，2001,(1).

[120] 顾孟潮.怀疑和批判是建筑评论创新的灵魂 [J].新建筑，2004,(2).

[121] 韩伯林.世界桥梁发展史 [M].北京：知识出版社，1987.

[122] 和丕壮.桥梁美学 [M].北京：人民交通出版社，1999.

[123] 侯幼彬,李婉贞.中国古代建筑历史图说 [M].北京：中国建筑工业出版社，2011.

[124] 季文楣.功能主义与建筑美的意义——读汪正章的《建筑美学》有感 [J].安徽建筑工业学院学报：自然科学版，2003,(1).

[125] 杰伊·M·斯坦,肯特·F·斯普雷克尔迈耶.建筑经典读本 [M].北京：中国水利水电出版社，2004.

[126] 靳炳勋.论建筑功能与建筑评价——兼谈建筑文化的时代性和地方性 [J].烟台大学学报：自然科学与工程版，1994,(4).

[127] 瞿贤,晏敏,胡平.建筑模式语言与基于知识的设计系统 [J].新建筑，1990,(4).

[128] 康德.判断力批判.上卷.宗白华译 [M].北京：商务印书馆，1993.

[129] 克里斯·奥克雷德.千姿百态的桥梁 [M].长春：长春出版社，1998.

[130] 李丹.论艺术创作的个人风格 [J].河南大学学报：社会科学版，2002,(3).

[131] 李东泽.从恭城孔庙和程阳风雨桥看儒侗和谐审美观的差异 [J].社

会科学家 , 1998, (4).

[132] 李玉堂 . 建筑学的第三次革命 : 走向生态建筑体系 [J]. 新建筑 , 2000, (3).

[133] 梁艳 , 陈艾荣等 . 桥梁建筑的艺术意蕴 [J]. 建筑技术及设计 , 2006, (5).

[134] 梁艳 , 陈艾荣 . 城市标志性桥梁设计原则 [J]. 桥梁建设 , 2006, (5).

[135] 刘先觉 . 建筑美学的辩证思考 [J]. 华中建筑 , 1993, (1).

[136] 刘煜 , Deo Prasad. 国际绿色生态建筑评价方法介绍与分析 [J]. 建筑学报 , 2003, (3).

[137] 刘月 . 中国建筑的土木营构及其审美 [J]. 中外建筑 , 2003, (5).

[138] 马丁·皮尔斯 , 理查德·乔布斯 . 桥梁建筑 [M]. 大连 : 大连理工大学出版社 , 2003.

[139] 潘世建 , 杨盛福 . 桥梁景观 [M]. 北京 : 人民交通出版社 , 2001.

[140] 皮·奈尔维 . 建筑的艺术与技术 [M]. 黄运升译 . 北京 : 中国建筑工业出版社 , 1981.

[141] 任丽莎 , 殷正声 . 诗意的空间——圣地亚哥·卡拉特拉瓦的人行桥设计 [J]. 桥梁 , 2009,31(5).

[142] (日) 杉山和雄 . 桥の造型学 [M]. 东京 : 朝仓书店 , 2000.

[143] 沈福煦 . 建筑美学论 [J]. 时代建筑 , 1995, (2).

[144] 慎铁刚 , 慎小嵚 . 桥梁建筑与小品 : 构思与造型 [M]. 天津 : 天津大学出版社 , 2002.

[145] 慎铁刚 . 西方古典建筑的力与美例析 [J]. 力学与实践 , 1996, (4).

[146] 盛洪飞 . 桥梁建筑美学 [M]. 北京 : 人民交通出版社 , 1999.

[147] 宋昆 . 关于建筑本质的思考 [J]. 新建筑 , 1997, (3).

[148] 孙成仁 . 城市景观设计 [M]. 哈尔滨 : 黑龙江科学技术出版社 , 1999.

[149] 孙蓉蓉 . 也谈建筑评论 [J]. 新建筑 , 2000, (3).

[150] 王贵祥 . 建筑的神韵与建筑风格的多元化 [J]. 建筑学报 , 2001, (9).

[151] 王建锋 , 牛力 . 从审美的角度谈建筑风格 [J]. 山西建筑 , 2004, (15).

[152] 王天锡 . 建筑的美学评价 [M]. 北京 : 中国建筑工业出版社 , 2002.

[153] 王文兵 , 张宝池等 . 简论桥梁建筑的美学质量 [J]. 铁道工程学报 , 2003, (1).

[154] 王应良 . 他们见证着桥梁的变迁——记十五位闻名于世的桥梁工程师（一）～（三）[J]. 桥梁 , 2006, (2)-(4).

[155] 王永仪 . 结构与功能的辩证关系在建筑上的表现 [J]. 南方建筑 , 2001, (2).

[156] 王宗年 . 建筑空间艺术及技术 [M]. 成都 : 成都科技大学出版社 , 1987.

[157] 王佐 . 侧重于建筑语言训练的立体构成设计方法——提高建筑师设计能力的主要方法 [J]. 华中建筑 , 2000, 18(1).

[158] 项海帆 . 中国桥梁 [M]. 上海 : 同济大学出版社 , 1993.

[159] 谢建明 . 论建筑的艺术意蕴 [J]. 东南大学学报 : 哲学社会科学版，2002，(6).

[160] 熊广忠 . 城市道路美学——城市道路景观与环境设计 [M]. 北京 : 中国建筑工业出版社 , 1990.

[161] 徐风云 , 赵勇等 . 桥梁景观概论 [J]. 桥梁建设 , 2003, (4).

[162] 徐毅峰 . 桥梁美学 : 环球展望 [J]. 西南公路 , 1996, (1).

[163] 殷正声 , 任丽莎 . 自由的舞动——人行桥设计中的 FED 实践 [J]. 桥梁 , 2009, 32(6).

[164] 余军 , 杨春风等 . 建筑艺术赏析 [M]. 北京 : 科学出版社 , 2000.

[165] 曾坚 , 邹德侬 . 论布正伟建筑师的创作理论体系 " 自在论 " [J]. 建筑学报 , 1996, (7).

[166] 张利 . 结构工程师的美学意识 [J]. 山西建筑 , 2004, (9).

[167] 支文军 , 徐千里 . 体验建筑——建筑批评与作品分析 [M]. 上海 : 同济大学出版社 , 2000.

[168] 朱润明 , 张耀辉 . 桥梁设计的美学考虑 [J]. 东北公路 , 2003, (1).

后记
Postscript

　　这本书是根据我的博士论文写成的。从确立选题到最后完成，并非一路坦途，尽管书稿已经完成，心中却并无期盼已久的轻松。文中一些尚未解决的问题或不尽人意的解释，仍时常萦绕在我的脑海中。写作过程中，时常感到才思的浅薄和学识的不足。因此，本书并非对人行桥艺术性探讨的终结，而仅仅是研究的开始，有待读者不吝赐教。

　　本书能够成行，首先要感谢我的导师殷正声教授。几年来，他对这个边缘且生僻的课题给予了相当大的支持、启发以及各类实践的机会，他鼓励并拓展了我对课题的思考。导师的谆谆教诲和言传身教，令我终身受益。

　　感谢同济大学桥梁工程系的陈艾荣教授在本书构思和写作过程中的热心指导和帮助。与他的多次长谈加深了我对桥梁结构层面的理解和对桥梁造型的认识。还要感谢许多帮助、支持并给予我启迪的良师益友。感谢我在威尼斯建筑大学学习期间的导师 Enzo Siviero 教授，他为论文提出了许多宝贵意见，在学术思想上和生活上给予我很大的帮助和关怀。Tobia Zordan 教授和 Bruno Briseghella 教授不仅为我提供了数十本原版研究资料，还在生活上给予诸多照顾，让我在威尼斯度过了难忘的时光。感谢 Guido Zordan 教授，书中的许多观点是在我与他的多次讨论中形成的。同时，感谢中国建筑工业出版社的张建编辑，她的辛勤工作和耐心让我十分感动。

　　最后要感谢我的父母，他们在远方的关心和支持是我不断前行的动力；感谢丈夫阮欣多年来的信赖与支持，他对本书的作用是无法估量的，没有他的帮助，本书也不可能完成。也把这本书送给我一岁的女儿芸其。

　　本书获得同济大学人文社会科学优秀学术著作出版基金的资助，感谢学校对本书的支持与肯定。

任丽莎